E. Sachtje und W. Grajewski

Steuerberechnung 1984 mit dem Epson HX-20

Anwendung von Mikrocomputern

Herausgegeben von Dr. Harald Schumny

Die Buchreihe behandelt Themen aus den vielfältigen Anwendungsbereichen des Mikrocomputers: Technik, Naturwissenschaften, Betriebswirtschaft. Jeder Band enthält die vollständige Lösung von Problemen, entweder in Form von Programmpaketen, die der Anwender komplett oder in Teilen als Unterprogramme verwenden kann, oder in Form einer Problemaufbereitung, die dem Benutzer bei der Software- und Hardware-Entwicklung hilft.

Band 1 Digitale Regelung mit Mikroprozessoren
von Norbert Hoffmann

Band 2 Wahrscheinlichkeitsrechnung, Statistik
von Dietmar Herrmann

Band 3 Mathematische Routinen VC-20 (Elektrotechnik/Elektronik)
von Ernst-Friedrich Reinking

Band 4 Numerische Mathematik
von Dietmar Herrmann

Band 5 Video-Textverarbeitung (TI-99/4A und VC-20)
von Arnim und Ingeborg Tölke

Band 7 Getriebelehre mit dem Mikrocomputer (SHARP PV-1500A)
von Hans Bürde

Band 8 Dienstprogramme für VC-20, Commodore 64 und Executive SX 64
von Ernst-Friedrich Reinking

Band 9 Gelenkgetriebe-Konstruktion mit Kleinrechnern (HP Serie 40 und 80)
von Kurt Hain und Harald Schumny

Band 10 Angewandte Matrizenrechnung
von Dietmar Herrmann

Band 11 Steuerberechnung 1984 mit dem Epson HX-20
von Eduard Sachtje und Werner Grajewski

Anwendung von Mikrocomputern Band 11

Eduard Sachtje und Werner Grajewski

Steuerberechnung 1984 mit dem Epson HX-20

Friedr. Vieweg & Sohn Braunschweig/Wiesbaden

Das in diesem Buch enthaltene Programm-Material ist mit keiner Verpflichtung oder Garantie irgendeiner Art verbunden. Der Autor übernimmt infolgedessen keine Verantwortung und wird keine daraus folgende oder sonstige Haftung übernehmen, die auf irgendeiner Art aus der Benutzung dieses Programm-Materials oder Teilen davon entsteht.

1985

Umschlaggestaltung: Peter Lenz, Wiesbaden

ISBN 978-3-528-04350-6 ISBN 978-3-322-91752-2 (eBook)
DOI 10.1007/978-3-322-91752-2

Vorwort

Durch die fortschreitende Entwicklung auf dem Gebiet der Taschenrechner und Handheld-Computer kommt der Wunsch sehr schnell, sich die Arbeit zu erleichtern.

Während die Kapazität bei den ersten Rechnern für ein vollständiges Einkommen- bzw. Lohnsteuer-Programm nicht ausreichte, kann mit dem Epson HX-20 bereits ein ansprechendes Programm erstellt werden. Aber genauso, wie der Appetit beim Essen kommt, so möchte man auch bei der Erstellung eines Programmes alle Möglichkeiten bedenken und berücksichtigen. Dafür ist aber das Einkommenssteuerrecht zu umfangreich geworden.

Während man 1936 mit 4 Seiten für die gesamte Einkommenssteuererklärung auskam, hat heute bereits der Mantelbogen mit den allgemeinen Fragen diesen Umfang. Die Anlagen umfassen bereits 14 Seiten, wenn alle Einkunftsarten angesprochen werden.

Insofern konnten im vorliegenden Buch auch nur alle Einkunftsarten gestreift werden.

Das Buch wurde im Manuskript auf einem Sharp-MZ 80K mit dem Textsystem Crowood geschrieben und auf einem Epson FX-80 gedruckt. Die Programme laufen alle in der Grundversion des Epson HX-20. Bei Speichererweiterungen kann das Einkommenssteuer-Programm, daß für die Grundversion in 3 Blöcke geteilt wurde, aneinandergefügt werden.

Für die Abschnitte 1.–9., sowie die Programme

- Ermittlung der Einnahmen aus Kapitalvermögen (Abschnitt 10.1),
- Einkünfte aus Vermietung und Verpachtung (Abschnitt 10.2),
- Ermittlung der Renteneinkünfte (Abschnitt 10.3),
- Ermittlung der Werbungskosten (Abschnitt 10.4) und
- Bausparprämie (Abschnitt 10.6)

zeichnet Werner Grajewski verantwortlich. Diese Programme wurden auf einem Video-Genie erstellt und auf den Epson HX-20 übertragen.

Die übrigen Programme und Erläuterungen

- Sonderausgaben
- Einkommen- und Kirchensteuerberechnung (Tabellenteil),
- Lohnsteuerjahresausgleich und
- Einkommensteuerveranlagung

wurden von Eduard Sachtje erstellt.

Für die Herstellung der Graphiken

- Schaubilder und
- Flußdiagramm

danken wir Fräulein Christel Grajewski.

Die Autoren würden sich über Resonanz und Verbesserungsvorschläge zu diesem Buch freuen.

E. Sachtje und *W. Grajewski*

Drevenack und Dinslaken, im September 1984

Inhaltsverzeichnis

Anhang

1 Allgemeines

Den Weg zum Steuerberater soll dieses Buch für den Laien auf dem Gebiet des Steuerrechts nicht ersetzen. Es soll jedoch in Verbindung mit dem Handheld-Computer Epson HX-20 Hilfestellungen bei verschiedenen Berechnungen im Bereich der Lohn- und Einkommensteuer bieten.

Viele der im Rahmen eines Lohnsteuerjahresausgleichs oder einer Einkommensteuererklärung zu berücksichtigenden Werte können durch die folgenden Erläuterungen und Programme für den steuerlichen Laien verständlicher werden. So kann nunmehr auch der "Laie" Berechnungen durchführen und Vergleiche ziehen, die ihm bisher zu schwierig erschienen.

Auch für den "Fachmann" in Sachen Steuerrecht dürften die Programme eine Erleichterung der täglichen Arbeit bedeuten. Sich immer wiederholende Berechnungen, Auswertungen und Vergleiche sind einfacher und vor allem schneller durchführbar.

Die ungeheuer große Zahl der Möglichkeiten in der steuerlichen Fallgestaltung führt dazu, daß nicht alle denkbaren Fälle mit den vorliegenden Programmen gelöst werden können. Von der absoluten Zahl der Anträge auf Lohnsteuerjahresausgleich bzw. der Zahl der Einkommensteuererklärungen aus gesehen, können 90 % der Fälle mit den Programmen in diesem Buch berechnet werden.

Durch die häufigen Gesetzesänderungen im Steuerrecht, muß darauf hingewiesen werden, daß die Ausführungen und Programme in diesem Buch grundsätzlich nur für die Jahre 1983 und 1984 anzuwenden sind.

Verschiedene Bereiche sind auch für Steuerberechnungen anderer Jahre geeignet. Man sollte jedoch davon ausgehen, daß sich die Programme zunächst einmal nur für Steuerberechnungen 1983 und 1984 eignen.

1.1 Lohnsteuerjahresausgleich oder Einkommensteuer- erklärung?

Diese Frage kann leicht mit dem Epson HX-20 beantwortet werden. Wenn bei den nachfolgend näher beschriebenen Programmen (siehe insbesondere Abschnitt 10.9), im Dialogsystem mit dem Rechner, die einzelnen Besteuerungsmerkmale eingegeben werden, so wird die Antwort auf die Frage, ob ein Lohnsteuerjahresausgleich oder eine Einkommensteuererklärung durchgeführt werden muß, vom Programm beantwortet.

Es gibt eine Vielzahl von Wertgrenzen, die eine Abgrenzung des Lohnsteuerjahresausgleich zur Einkommensteuererklärung regeln.

Hier sollen nur die wichtigsten genannt werden:

a) Liegen Einkünfte vor, die n i c h t dem Lohnsteuerabzug unterliegen, z.B. Einkünfte aus Vermietung oder Zinseinkünfte, und beträgt die Summe dieser Einkünfte mehr als 800,-- DM, so ist eine Einkommensteuerveranlagung durchzuführen.

b) Liegen Einkünfte vor, die dem Lohnsteuerabzug unterliegen, so ist eine Einkommensteuerveranlagung nur zu fertigen, soweit bei Verheirateten das Einkommen 48.000,-- DM und bei Ledigen das Einkommen 24.000,-- DM übersteigt.

c) Eine Einkommensteuerveranlagung kann auch dann beantragt werden, wenn bei Dividendenzahlungen auf den Bankbelegen Kapitalertragsteuer und Körperschaftsteuer eingetragen sind.

Dieses ist keine abschließende Aufzählung, stellt jedoch einen groben Anhaltspunkt dar. Sollte die unter a) genannte Grenze erreicht sein, so ist bei den Programmen zur Steuerberechnung, grundsätzlich davon auszugehen, daß eine Einkommensteuerveranlagung durchzuführen ist.

Folgende Erläuterungen sind jedoch von allgemeinem Interesse:

Beim Lohnsteuerjahresausgleich und bei der Einkommensteuererklärung erfolgt die Berechnung der Lohnsteuer und der Einkommensteuer in jedem Fall nach derselben Tabelle bzw. nach derselben Berechnungsformel. Soweit das zu versteuernde Einkommen, das sich aus einem Lohnsteuerjahresausgleich ergibt, in der Höhe nicht vom zu versteuernden Einkommen aus einer Einkommensteuererklärung unterscheidet, ergibt sich in beiden Fällen dieselbe zu zahlende Steuer. Sie wird nur in dem einen Fall Lohnsteuer und im anderen Fall Einkommensteuer genannt.

Wie hoch die steuerliche Belastung des steuerlich anzusetzenden Einkommens ist, kann den Schaubildern zu Abschnitt 7 entnommen werden.

1.2 Lohnsteuerjahresausgleich

Bei einem Lohnsteuerjahresausgleich hat man es grundsätzlich nur mit Einkünften aus nichtselbständiger Tätigkeit zu tun. Von diesen Einkünften erhebt der Arbeitgeber die Steuern bereits in Form der Lohnsteuer vorab. Der LStJA stellt lediglich eine "Art der überprüfung" des bereits durchgeführten Steuerabzugs dar.

Der Arbeitgeber berücksichtigt beim Steuerabzug, soweit kein Freibetrag auf der Steuerkarte eingetragen ist, nur den gezahlten Lohn, die Lohnsteuerklasse (Familienstand und Zahl der Kinder) und führt eventuell am Jahresende den sogenannten Arbeitgeber-Jahresausgleich durch. Dabei werden jedoch die Werbungskosten, Sonderausgaben u. ä. nur in Höhe der gesetzlichen Pauschalen bzw. in Höhe des besonders eingetragenen Freibetrages berücksichtigt. Sollten abzuziehende Kosten (Werbungskosten usw.) darüberhinaus vorliegen, so muß in diesen Fällen der LStJA zur Festsetzung der zutreffenden Steuer und ggf. zur Lohnsteuererstattung führen.

Es ist in jedem Falle zu prüfen, ob die eventuell vorhandenen anderen Einkünfte, von denen keine Lohnsteuer einbehalten worden ist, die Grenze von 800,-- DM übersteigen. Die Grenze von 800,-- DM sagt nichts über die Höhe der Einnahmen aus, sondern über die Höhe der Einkünfte.

Beispiel: 2.000,-- DM Einnahmen (ohne Lohnsteuerabzug)
1.300,-- DM abziehbare Kosten
700,-- DM Einkünfte (2000-1300)

Soweit keine der sonstigen Grenzen erreicht wird, führen in diesem Falle die E i n n a h m e n in Höhe von 2.000,-- DM nicht zu einer Einkommensteuererklärungspflicht, da die sich daraus ergebenden E i n k ü n f t e den Betrag in Höhe von 800,-- DM nicht überschreiten.

1.3 Einkommensteuererklärung

Die Einkommensteuererklärung ist, wie bereits ausgeführt, vom Ergebnis, d. h. in der Steuerfestsetzung, mit dem Lohnsteuerjahresausgleich vergleichbar. Dies wird besonders deutlich, wenn der Grund, der zur Einkommensteuererklärungspflicht führt, lediglich in der Höhe der Einkünfte mit Lohnsteuerabzug zu finden ist. Dann befinden sich in dieser Einkommensteuererklärung auch nur Daten zu den Einkünften aus nichtselbständiger Tätigkeit. Man könnte diese Einkommensteuererklärung dann, von der Wirkung her, als Lohnsteuerjahresausgleich bezeichnen.

1.4 Fristen beim Lohnsteuerjahresausgleich

Der Antrag auf Lohnsteuerjahresausgleich für 1984 muß bis zum 30. September 1985 beim zuständigen Finanzamt vorliegen.

Nur bei unverschuldeter Fristversäumnis ist eine Terminüberschreitung möglich. Das Finanzamt legt hier jedoch strenge Maßstäbe an.

1.5. Fristen bei der Einkommensteuererklärung

Für die Abgabe der Einkommensteuererklärung 1984 gibt es eine allgemeine Frist bis zum 31. Mai 1985.

Bei begründeten Anträgen kann eine Fristverlängerung beim zuständigen Finanzamt erwirkt werden. Verspätete Abgabe oder Nichtabgabe der Erklärung kann die Festsetzung eines Verspätungszuschlages zur Folge haben.

2 Einkünfte

Im Kapitel 2 soll die Ermittlung der Einkünfte erläutert werden.

2.1 Einkünfte aus nichtselbständiger Tätigkeit

Hier sind insbesondere die Einkünfte als Arbeitnehmer (Lohneinkünfte) zu nennen. Zu den Einkünften gehören gem. § 19 EStG: Gehälter, Löhne, Gratifikationen, Tantiemen und andere Bezüge und Vorteile, die für eine Beschäftigung im öffentlichen oder privaten Dienst gewährt werden. Dazu gehören auch Wartegelder, Ruhegelder, Witwen- und Waisengelder und andere Bezüge und Vorteile aus früheren Dienstleistungen. Es ist gleichgültig, ob es sich um laufende oder um einmalige Bezüge handelt oder ob ein Rechtsanspruch auf sie besteht.

Diese Einnahmen werden insgesamt nachfolgend nur mit Bruttoarbeitslohn bezeichnet.

Eine andere Größe bei den Einnahmen aus nichtselbständiger Tätigkeit sind die steuerbegünstigten Versorgungsbezüge. Diese Versorgungsbezüge sind gesondert zu erfassen, da sie zum Teil steuerbegünstigt sind.

Bei den in Kapitel 10 folgenden Programmen ist daher immer zwischen Bruttoarbeitslohn und den steuerbegünstigten Versorgungsbezügen zu unterscheiden.

2.1.1 Bruttoarbeitslohn

Die Feststellung der Größe 'Bruttoarbeitslohn' dürfte keine Probleme bereiten, da dieser Wert i.d.R. der Lohnsteuerkarte bzw. einer gleichwertigen Bescheinigung des Arbeitgebers entnommen werden kann. Es ist darauf zu achten, daß auf der Steuerkarte auch steuerbegünstigte Versorgungsbezüge bescheinigt sein können.

Sollten Versorgungsbezüge vorliegen, ist ein Versorgungs-

Freibetrag zu gewähren. Die Höhe dieser Vergünstigung ist in § 19 Abs. 2 EStG geregelt:

§ 19 EStG

(1) .....

(2) Von Versorgungsbezügen bleibt ein Betrag i. H. v. 40 vom Hundert dieser Bezüge, höchstens jedoch ein Betrag von 4800 Deutsche Mark im Veranlagungszeitraum, steuerfrei (Versorgungs-Freibetrag). Versorgungsbezüge sind Bezüge und Vorteile aus früheren Dienstleistungen, die

1. als Ruhegehalt, Witwen- oder Waisengeld, Unterhaltsbeitrag oder als gleichartiger Bezug
   a) auf Grund beamtenrechtlicher oder entsprechender gesetzlicher Vorschriften,
   b) nach beamtenrechtlichen Grundsätzen von Körperschaften, Anstalten oder Stiftungen des öffentlichen Rechts oder öffentlich-rechtlichen Verbänden von Körperschaften

oder

2. in anderen Fällen wegen Erreichen einer Altersgrenze, Berufsunfähigkeit, Erwerbsunfähigkeit oder als Hinterbliebenenbezüge gewährt werden; Bezüge, die wegen Erreichens einer Altersgrenze gewährt werden, gelten erst dann als Versorgungsbezüge, wenn der Steuerpflichtige das 62. Lebensjahr oder, wenn er Schwerbehinderter ist, das 60. Lebensjahr vollendet hat.

Weitere steuerliche Vergünstigungen, die in dem § 19 Abs. 3 u. 4 EStG geregelt sind, sind der Weihnachts-Freibetrag und der Arbeitnehmerfreibetrag.

(3) Vom Arbeitslohn, der dem Arbeitnehmer in der Zeit vom 8. November bis 31. Dezember aus seinem Dienstverhältnis zufließt, ist ein Betrag von 600 Deutsche Mark abzuziehen (Weihnachts-Freibetrag). Bei der Veranlagung zur Einkommensteuer oder beim Lohnsteuer-Jahresausgleich ist der Weihnachts-Freibetrag auch zu berücksichtigen, wenn der Arbeitnehmer in der genannten Zeit keinen Arbeitslohn bezogen hat.

(4) Vom Arbeitslohn ist außerdem ein Betrag von 480 Deutsche Mark im Kalenderjahr abzuziehen (Arbeitnehmer-Freibetrag).

Der Weihnachts-Freibetrag wird also gewährt, wenn Arbeitslohn bezogen wurde. Die Zahlung von Arbeitslohn im o. g. Zeitraum oder die Zahlung von Weihnachtszuwendungen sind keine Voraussetzungen, die erfüllt sein müssen.

Wie der Weihnachts-Freibetrag ist auch der Arbeitnehmer-Freibetrag ein Jahresbetrag. Der Freibetrag wird gewährt, soweit Arbeitslohn vorliegt. Dies muß nicht im gesamten Kalenderjahr der Fall gewesen sein.

Sollte der bezogene Arbeitslohn so gering sein, daß er die Summe von Weihnachts- und Arbeitnehmer-Freibetrag nicht erreicht, so darf der Abzug der Freibeträge nicht zu einem negativen Ergebnis führen.

Beispiel: Es liegt für 1983 insgesamt ein Arbeitslohn i. H. v. 978,-- DM vor. Wie hoch sind die anzusetzenden Einkünfte ?

	falsch	richtig
Einnahmen		
(Arbeitslohn)	978,-- DM	978,-- DM
Freibeträge		
Weihnachts-F.	- 600,-- DM	- 600,-- DM
Arbeitnehmer-F.	- 480,-- DM	- 378,-- DM
Einkünfte	= - 102,-- DM	= 0,-- DM

Soweit die Freibeträge sich bei der Ermittlung der Einkünfte noch nicht ausgewirkt haben (im o. g. Beispiel i. H. v. 102,-- DM), sind diese Freibeträge beim Progressionsvorbehalt (siehe Kapitel 6) zu erfassen.

2.1.2 Werbungskosten

Werbungskosten werden wie die Einkünfte aus nichtselbständiger Tätigkeit, auf der Anlage N zur ESt-Erklärung oder zum LStJA erklärt.

Alle Aufwendungen, die durch das Arbeitsverhältnis veranlaßt sind, können im steuerlichen Sinne Werbungskosten darstellen. Sie können jedoch steuerlich nur Berücksichtigung

finden, soweit sie steuerfreie Ersatzleistungen übersteigen. Die Kosten der Lebensführung gehören nicht zu den Werbungskosten, selbst wenn sie der beruflichen Tätigkeit zugute kommen.
Von Amts wegen werden 564,-- DM jährlich als Werbungskosten-Pauschbetrag berücksichtigt, wenn keine höheren Kosten geltend gemacht werden.

Werbungskosten können u.a. sein
- Aufwendungen für Fahrten zwischen Wohnung und Arbeitsstätte,
- Aufwendungen für Arbeitsmittel,
- Bewerbungskosten
- Fortbildungskosten,
- Reisekosten,
- Umzugskosten,
- Mehraufwendungen für Verpflegung wegen längerer Abwesenheit von der Wohnung,
- Mehraufwendungen für doppelte Haushaltsführung.

Soweit für Fahrten zwischen Wohnung und Arbeitsstätte öffentliche Verkehrsmittel verwendet werden, ist der tatsächliche Fahrpreis zu berücksichtigen.

Sollte ein eigenes Fahrzeug verwendet werden, so kann der gesetzlich vorgeschriebene Kilometerpauschbetrag anerkannt werden, der sich auf den Entfernungskilometer bezieht. Es handelt sich also nicht um einen Betrag, der für den gefahrenen Kilometer gilt, sondern für den Entfernungskilometer. Der Pauschbetrag ist von dem benutzten Fahrzeug abhängig:

- 0,36 DM für den Pkw,
- 0,16 DM für das Motorrad oder einen Motorroller,
- 0,22 DM für ein Moped oder Mofa,
- 0,12 DM für ein Fahrrad.

Bei Benutzung des eigenen Pkw können in drei Fällen die tatsächlichen Kosten oder - ohne Einzelnachweis - 0,84 DM je Entfernungskilometer (0,42 DM je km) angesetzt werden. Voraussetzung ist,
- daß ständig wechselnde Einsatzstellen vorliegen (z. B. bei Bauarbeitern oder Monteuren). Je Einsatzstelle gilt dies längstens für 3 Monate und auch nur, wenn die neue

Einsatzstelle mindestens 15 km von der vorherigen Einsatzstelle entfernt ist.

- daß eine Minderung der Erwerbsfähigkeit um mindestens 70 % vorliegt oder eine Minderung der Erwerbsfähigkeit von mindestens 50 % und dabei gleichzeitig eine erhebliche Gehbehinderung gegeben ist.
- daß aus betrieblichen Gründen außerhalb der normalen Arbeitszeit zusätzliche Fahrten zur Arbeitsstätte vorliegen.

Die kürzeste Entfernung zwischen Wohnung und Arbeitsstätte ist zu berücksichtigen. Längere Wege sind nur dann anzusetzen, wenn sie verkehrsgünstiger sind und auch regelmäßig benutzt werden.

In der Regel werden die Fahrtkosten nur einmal je Arbeitstag für die einfache Entfernung anerkannt.

Mit den gesetzlich vorgeschriebenen Kilometerpauschbeträgen sind sämtliche Fahrzeugkosten abgegolten, z. B. Garagenmiete, Parkgebühren, Reparaturkosten. Selbst zu tragende Unfallkosten, werden zusätzlich berücksichtigt, wenn sich der Unfall auf der Fahrt zwischen Wohnung und Arbeitsstätte ereignet hat und weder Alkoholeinfluß noch Absicht in der Verursachung gegeben war. Wird der besondere Pauschbetrag von 0,84 DM angesetzt, so sind Parkgebühren am Arbeitsplatz zusätzlich berücksichtigungsfähig.

Zu den Arbeitsmitteln gehören z. B. Werkzeuge, typische Berufskleidung, Fachzeitschriften und die Anschaffungskosten, Reparaturkosten und anfallende Reinigungskosten. Betragen die Anschaffungskosten mehr als 800,-- DM, so müssen sie auf die Jahre der üblichen Nutzungsdauer verteilt werden.
Aufwendungen, die durch die Suche nach einer Arbeitsstelle verursacht wurden, sind als Bewerbungskosten zu erfassen. Es ist nicht erforderlich, daß die Bewerbung erfolgreich war.

Fortbildungskosten sind als Werbungskosten von den Aus-

und Weiterbildungskosten, die als Sonderausgaben Berücksichtigung finden, zu unterscheiden. Weitere Ausführungen und Abgrenzungsmerkmale folgen im Abschnitt 3.1.5.

Bei den Reisekosten ist zwischen Dienstgängen und Dienstreisen zu unterscheiden.
Ein Dienstgang liegt vor, wenn eine Tätigkeit in einer Entfernung bis zu 15 km von der regelmäßigen Einsatzstelle gegeben ist. Im übrigen handelt es sich um Dienstreisen.

Zu den Reisekosten gehören Fahrtkosten, Verpflegungsmehraufwendungen, Unterbringungskosten sowie Nebenkosten, z. B. Gepäckbeförderungs- und Aufbewahrungskosten, Aufwendungen für Telegramme, Telefongespräche, Porto, Garage und Parkplatz.
Bis auf zwei Ausnahmen ist ein Nachweis erforderlich:

- Anstelle der nachgewiesenen Kosten ist bei Benutzung des eigenen Pkw ein Betrag von 0,42 DM je gefahrenen km abzugsfähig (Motorrad und Motorroller = 0,18 DM, Moped und Mofa = 0,11 DM, Fahrrad = 0,06 DM).
- Anstelle der tatsächlichen Verpflegungsmehraufwendungen können bei Dienstgängen und Dienstreisen mit mehr als 5 Stunden Dauer Pauschbeträge geltend gemacht werden:
  3,-- DM bei Dienstgängen; bei Dienstreisen kommt ein gestaffelter Pauschbetrag von 8,70 DM bis 39,-- DM zum Zuge (vgl. folgende Tabellen).

Pauschbeträge bei eintägigen Dienstreisen

Jahresarbeitslohn	bis 25.000 DM	25.001 bis 50.000 DM	mehr als 50.000 DM
Reisedauer mehr als			
5 Std. bis 7 Std.	8,70 DM	9,30 DM	9,90 DM
7 Std. bis 10 Std.	14,70 DM	15,50 DM	16,50 DM
10 Std. bis 12 Std.	23,20 DM	24,80 DM	26,40 DM
12 Std.	29,-- DM	31,-- DM	33,-- DM

Pauschbeträge bei mehrtägigen Dienstreisen

Jahresarbeitslohn	bis 25.000 DM	25.001 bis 50.000 DM	mehr als 50.000 DM
Reisedauer mehr als			
5 Std. bis 7 Std.	10,50 DM	11,10 DM	11,70 DM
7 Std. bis 10 Std.	17,50 DM	18,50 DM	19,50 DM
10 Std. bis 12 Std.	28,-- DM	29,60 DM	31,20 DM
12 Std.	35,-- DM	37,-- DM	39,-- DM

Wenn die Pauschbeträge zu einer unzutreffenden Besteuerung führen, ist eine Kürzung der Pauschbeträge durch das Finanzamt möglich.

Wenn die Wohnung aus beruflichen Gründen gewechselt wird, ist zu prüfen, ob Umzugskosten als Werbungskosten angesetzt werden können. Ein beruflicher Grund ist z.B. gegeben, wenn erstmals eine Stelle angetreten wird oder wenn der Arbeitgeber gewechselt wird. Die Höhe der abzugsfähigen Kosten richtet sich nach vergleichbaren Umzugskostenvergütungen der Bundesbeamten.

Sollte eine mehr als zehn- bzw. zwölfstündige Abwesenheit von der Wohnung vorliegen, können unter bestimmten Voraussetzungen Mehraufwendungen für Verpflegung abgesetzt werden.

Liegt eine tägliche Abwesenheit aus beruflichen Gründen von mehr als 12 Stunden vor, so ist je Arbeitstag ohne Nachweis ein Betrag von 3,-- DM als Werbungskosten anzusetzen. Soweit ständig wechselnde Einsatzstellen vorliegen (z.B. bei Monteuren), kann bei einer Abwesenheit von mehr als 10 Stunden ein Betrag in Höhe von 5,-- DM als Werbungskosten angesetzt werden.

Bei Berufskraftfahrern und vergleichbaren Personen erhöht sich der Betrag je Arbeitstag (bei täglicher Rückkehr zur Wohnung)
- auf 8,-- DM, bei mehr als 6 stündiger Abwesenheit,
- auf 16,-- DM, bei mehr als 12 stündiger Abwesenheit.

Eine regelmäßige Arbeitsstätte am Betriebssitz darf für diesen Personenkreis jedoch nicht vorliegen.

Eine Kürzung der Pauschbeträge ist möglich, wenn sie offensichtlich zu einer unzutreffenden Besteuerung führen. Soweit höhere Mehrverpflegungsaufwendungen nachgewiesen werden, sind die höheren Beträge abzugsfähig.

Wenn aus beruflichen Gründen ein doppelter Haushalt vorliegt, kann der damit verbundene Aufwand geltend gemacht werden. Ein doppelter Haushalt liegt vor, wenn außerhalb des Ortes mit einem eigenen Hausstand einer Beschäftigung nachgegangen und an diesem Ort eine weitere Wohnung unterhalten wird.
Dies dürfte nur bei verheirateten Arbeitnehmern vorliegen.

Berücksichtigt wird die erste Fahrt zum Beschäftigungsort zur Aufnahme der Tätigkeit, und die letzte Fahrt zum Wohnort nach Beendigung der Tätigkeit. Je gefahrenen km können bei Benutzung des eigenen Pkw 0,42 DM angesetzt werden.
Außerdem werden je Woche eine Familienheimfahrt mit 0,36 DM je Entfernungskilometer angesetzt, soweit auch hier der eigene Pkw benutzt wird.

Unterkunftskosten werden mit 35,-- DM in den ersten zwei Wochen je Übernachtung und in der Folgezeit mit 8,-- DM allgemein - ohne Einzelnachweis - berücksichtigt.

Für Verpflegungsmehraufwendungen können in den ersten zwei Wochen bis zu 35,-- DM und in der Folgezeit bis zu

14,-- DM täglich geltend gemacht werden. Sollte ein Ansatz der tatsächlich nachgewiesenen Kosten beantragt werden, so ist der tatsächliche Aufwand um 20 %, höchstens 6,-- DM, täglich zu mindern. Für die ersten zwei Wochen werden Kosten bis 54,-- DM und danach bis 19,-- DM täglich vom Finanzamt akzeptiert.

Soweit kein eigener Hausstand vorliegt, können auch hier eingeschränkt Aufwendungen geltend gemacht werden.
In den ersten zwei Wochen ist der Abzug entsprechend dem Arbeitnehmer mit eigenem Hausstand durchzuführen. Danach kann ein Werbungskostenansatz nur noch erfolgen, wenn die Tätigkeit am neuen Arbeitsort

- höchstens 2 Jahre dauert und ein Umzug nicht zumutbar ist,
- zwar eine längerfristige oder auf Dauer angelegte auswärtige Beschäftigung darstellt, der Arbeitnehmer aber am neuen Arbeitsort eine angemessene Wohnung noch nicht bekommen konnte und die Unterkunft am bisherigen Wohnort als Mittelpunkt der Lebensführung beibehalten wird.

In diesen Fällen wird wöchentlich eine Heimfahrt anerkannt. übernachtungskosten werden je übernachtung bis zu 8,-- DM berücksichtigt. Bei Einzelnachweis können Mehrverpflegungsaufwendungen bis 19,-- DM täglich berücksichtigt werden.

Steuerfreie Ersatzleistungen sind in jedem Falle vom geltend gemachten Aufwand abzuziehen. Dies gilt für alle Arten von Werbungskosten (Reisekostenersatz, Ersatz von Verpflegungsmehraufwendungen, ...).

2.2 Einkünfte aus Kapitalvermögen

Die Einkünfte aus Kapitalvermögen sind in der Anlage KSO zur Steuererklärung zu erfassen. Werden Kapitaleinkünfte im Rahmen der Land- und Forstwirtschaft, eines Gewerbebetriebes, einer selbständigen Tätigkeit oder der Vermietung und Verpachtung erzielt, so sind sie diesen Einkünften zuzuordnen.

Beispiel: Ein Hauseigentümer verfügt über ein Mietkonto. Die eingehenden Mieten führen zu einem positiven Kontostand, der vom Kreditinstitut verzinst wird. Außerdem hat er die Mietkautionen der einzelnen Mietparteien festverzinslich angelegt.
Diese Zinseinnahmen des Hauseigentümers sind bei den Einkünften aus Vermietung und Verpachtung zu erfassen.

Einnahmen aus Kapitalvermögen bezieht, wer Kapital gegen Entgelt zur Nutzung überläßt. Einnahmen dieser Art sind z.B.:

- Zinsen aus Sparguthaben und sonstigen Kapitalforderungen,
- Zinsen aus Bausparguthaben,
- Erträge aus festverzinslichen Wertpapieren (Papierbriefe, ...),
- Zinsen aus Hypotheken und Grundschulden.

Diese Einnahmen unterliegen nicht der inländischen Kapitalertragsteuer. Dagegen unterliegen der inländischen Kapitalertragsteuer:

- Erträge aus einer stillen Beteiligung,
- Zinsen aus Sparanteilen bestimmter Versicherungen und aus Aktien (Dividenden).

Die Kapitalertragsteuer ist wie die Lohnsteuer eine vorab einbehaltene Steuer. Die letztgenannten Erträge, für die Kapitalertragsteuer einbehalten wird, sind als Einnahme mit dem Bruttobetrag, das ist der Betrag vor Abzug der Kapitalertragsteuer, anzusetzen. Die Kapitalertragsteuer beträgt grundsätzlich 25 %.

Beispiel: Der Eigentümer von 25 Mannesmann-Aktien erhielt 1984 für 1983 eine Dividende in Höhe von 75,-- DM ausgezahlt. Dies sind 75 % der Ausschüttung, da 25 % Kapitalertragsteuer einbehalten wurde.

Hierbei ist auch die anzurechnende Körperschaftsteuer (= 9/16) zu beachten. Die anrechenbare Körperschaftsteuer hat der Anteilseigner (Aktionär) als Einnahme anzusetzen und zu versteuern.

Eine Erläuterung, wann eine Kapitalertragsteuerbelastung bzw. eine anrechenbare Körperschaftsteuer vorliegt, würde den Rahmen dieses Buches sprengen.

Der Empfänger einer Dividende oder einer sonstigen Einnahme sollte sich die Zahlungsbelege, Auszahlungsabrechnungen, ... genau ansehen. Die Kapitalertragsteuer ist vom zahlenden Kreditinstitut bzw. von der ausschüttenden Gesellschaft zu bescheinigen. Dies gilt auch für die Körperschaftsteuer, die unter Umständen anzurechnen ist.

Beispiel: Die Dividendenbescheinigung für den bereits genannten Mannesmann-Aktionär mit seinen 25 Aktien, enthielt für 1984 daher folgende Berechnungswerte:

100,-- DM Ausschüttung 4,-- DM je Aktie
25,-- DM - Kapitalertragsteuer (25%)
56,25 DM - 9/16 von 100 DM anrechenbare Körperschaftsteuer
75,-- DM = Auszahlung

Als Einnahme sind anzusetzen:

Auszahlung	75,-- DM
Kapitalertragsteuer	25,-- DM
anrechenbare Körperschaftsteuer	56.25 DM

Einnahme	156.25 DM

Fehlende Werte können mit dem Programm in Abschnitt 10.1 ermittelt werden.

Anzumerken ist an dieser Stelle noch, daß die oben

genannte Kapitalertragsteuer und auch die Körperschaftsteuer, die als Einnahme angesetzt wurden, bei der Festsetzung der Einkommensteuer, genau wie die monatlich vom Arbeitgeber einbehaltene Lohnsteuer, voll angerechnet wird. Die anzurechnenden Beträge sind zugunsten des Steuerzahlers auf volle DM-Beträge gerundet.

Beispiel: Unter Berücksichtigung verschiedener Einkünfte und davon abzusetzender Beträge (Sonderausgaben, ...) ergibt sich nach der Einkommensteuertabelle eine Einkommensteuerschuld von 3.784,-- DM. Dieser Betrag ist nun um die anzurechnenden Beträge zu kürzen. Das könnte die gezahlte Lohnsteuer, die gezahlte Kapitalertragsteuer oder die anrechenbare Körperschaftsteuer sein. Eine Berechnung für den Mannesmann-Aktionär sieht dann so aus:

Einkommensteuer	3.784,-- DM
abzüglich	
Kapitalertragsteuer (25,-- DM)	25,-- DM
Körperschaftsteuer (56,25 DM)	57,-- DM
verbleibende zu zahlende ESt	3.702,-- DM

Einkünfte aus Kapitalvermögen sind die Einnahmen abzüglich der Werbungskosten. Werbungskosten sind Kosten, die zum Erwerb, zur Sicherung und zur Erhaltung der Einnahmen aus dem Kapital dienen. Dies sind z.B. Nebenkosten für die Anschaffung des Vermögens (Börsenumsatzsteuer, ...), Provisionen, Gebühren für ein Depot, Kontoführungskosten, Porto und Telefonkosten, die im Zusammenhang mit der Verwahrung und Verwaltung des Kapitalvermögens stehen.

Als Werbungskosten werden mindestens 100,-- DM bei Ledigen und 200,-- DM bei zusammenveranlagten Ehegatten berücksichtigt. Es handelt sich um einen Pauschbetrag. Nach Abzug der Werbungskosten bzw. des Pauschbetrages von den Einnahmen wird der Sparerfreibetrag abgezogen. Dieser beträgt 300,-- DM und bei Ehegatten 600,-- DM.

Der Abzug des Pauschbetrages (100,-- DM bzw. 200,-- DM) und des Sparerfreibetrages (300,-- DM bzw. 600,-- DM) darf nicht zu einem Verlust aus Kapitalvermögen führen.

Beispiel:	Einnahmen aus Kapitalverm. (eines Ledigen)	1.365,-- DM
	abzüglich	
	Werbungskosten i.H.v. 87,50 DM	
	mindestens den Pauschbetrag	100,-- DM
	Sparerfreibetrag	300,-- DM
		-----------
	anzusetzende Einkünfte	965,-- DM

Beispiel:	Einnahmen aus Kapitalverm. (eines Verheirateten)	1.400,-- DM
	abzüglich	
	Werbungskosten i.H.v.	900,-- DM
	Sparerfreibetrag (statt 600,-- DM)	500,-- DM
		-----------
	anzusetzende Einkünfte	0,-- DM

2.3 Einkünfte aus Vermietung und Verpachtung

Eine Erklärung dieser Einkünfte erfolgt in der Anlage V zur ESt-Erklärung.
Zu diesen Einkünften zählen die Einkünfte aus
- einem selbstgenutzten Einfamilienhaus, einer Eigentumswohnung oder einem selbstgenutzten Zweifamilienhaus oder anderen Haus,
- einem anderen bebauten Grundstück, z.B. vermietetes Einfamilienhaus vermietetes Zwei- oder Mehrfamilienhaus, Geschäftsgrundstück,
- allen unbebauten Grundstücken, z.B. Parkplatz, anderem unbeweglichen Vermögen, z.B. Schiffe und Sachinbegriffe, z.B. Geschäftseinrichtung, sowie aus überlassung von Rechten, z.B. Urheberrechte, Kiesausbeuterechte,
- Untervermietung von gemieteten Räumen,
- allen Beteiligungen, z.B. Grundstücks- oder Erbengemeinschaften.

2.3.1 Einfamilienhaus, selbstgenutzt

vermietet

Bei einer selbstgenutzten Wohnung im eigenen Einfamilienhaus wird der Grundbetrag von 1,4 % des Einheitswertes von Amts wegen ermittelt. Die genannte pauschale Ermittlung ist dann nicht zulässig, wenn die Fläche eines Grundstücks größer als das zwanzigfache der bebauten Fläche beträgt.

Soweit erst im Laufe des Jahres ein Haus erworben wurde, ist eine jeweils zeitanteilige pauschale Nutzungswertermittlung durchzuführen.

Da bei Kaufeigenheimen oder Trägerkleinsiedlungen sowie bei Umbaumaßnahmen

- Einfamilienhaus in Zweifamilienhaus
- Zweifamilienhaus in Einfamilienhaus

gewisse Besonderheiten gelten, sollten in einem solche Falle Rücksprachen mit einer fachkundigen Person (Steuerberater oder zuständigem Bearbeiter beim Finanzamt) erfolgen.

Die Selbstnutzung beginnt mit dem tatsächlichen Einzug und endet mit dem Auszug. Hierbei werden, in der Regel zum Vorteil des Stpfl., nur die vollen Monate der Selbstnutzung berücksichtigt. Angefangene Monate unterliegen der nachfolgend erläuterten überschußrechnung.

Sind Eheleute Eigentümer eines selbstgenutzten Einfamilienhauses, so werden der Einheitswert und die übrigen zu erfassenden Werte entsprechend dem Eigentumsverhältnis (meistens je 1/2) berücksichtigt. Eine ungenaue Zuordnung der Einkünfte kann in verschiedenen Fällen zur Gewährung oder Nichtgewährung von Freibeträgen oder zu einer falschen KiSt-Festsetzung führen.

Für die Einkunftsermittlung 1984 ist im Falle des Ansatzes des Grundbetrages der Einheitswert zu erfassen, der am 1.1.1984 gültig war. Sollte das Haus erst im Laufe des Jahres 1984 fertiggestellt worden sein, so ist auf den 1.1.1984 noch kein Einheitswert vorhanden. In einem solchen Falle ist der zuerst festgestellte Einheitswert (auf den 1.1.1985) anzusetzen. Entsprechendes gilt für 1983.

Der Ansatz des Nutzungswertes in Höhe von 1,4 % des Einheitswertes setzt voraus, daß er den Einkünften aus Vermietung und Verpachtung zuzurechnen ist.

Von dem Grundbetrag (1,4 %) werden die Schuldzinsen, die mit der Selbstnutzung des Einfamilienhauses zu Wohnzwecken in Zusammenhang stehen, bis zur Höhe des Grundbetrages abge zogen. Der Abzug ist hier also nur eingeschränkt möglich. Die überschreitung des Grundbetrages ist bis 10.000,-- DM durch einen erhöhten Schuldzinsenabzug möglich, wenn

- der Bauantrag nach dem 30.9.1982 gestellt wurde oder
- die Baugenehmigung nach dem 30.9.1982 erteilt wurde.

Ohne Einschränkung durch die Höhe des Grundbetrages sind

- die Abschreibungen nach § 7 b EStG und
- die Abschreibungen nach § 82 a EStDV abzugsfähig.

Soweit die Schuldzinsen auf die Zeit vor Ansatz des Grundbetrages oder nach Ansatz des Grundbetrages entfallen, sind sie uneingeschränkt abzugsfähig. Den Schuldzinsen gleichgestellt sind

- Geldbeschaffungskosten, z.B. Schätzungsgebühren,
- Gebühren für Hypothekenvermittlungen,
- Bereitstellungszinsen für Bankkredite,
- Notariatsgebühren.

Soweit die Einkünfte nicht mit dem bereinigten Grundbetrag anzusetzen sind, müssen die Einkünfte in Form der Überschußermittlung erfaßt werden . Dies ist unter anderem bei einer Vermietung des Hauses der Fall.

Die Einnahmen

- aus Mieten,
- aus Umlagen, z.B. Wassergeld, Flur- und Kellerbeleuchtung, Grundsteuer, Zentralheizung,
- aus Werbeflächenvermietung und
- der Mietwert der eigengenutzten Wohnung

sind um die Werbungskosten

- Schuldzinsen, Geldbeschaffungskosten,
- Aufwand für Instandhaltungs- und Instandsetzungsarbeiten,
- Grundsteuer, Kosten der Straßenreinigung, Müllabfuhr, Entwässerung,
- Aufwendungen zur Hausversicherung, Schornsteinreinigung, Heizung, Warmwasserversorgung, Treppenhausreinigung,
- sonstige kleinere Ausgaben und Verwaltungskosten und
- Absetzungen für Abnutzung

zu mindern.

An dieser Stelle sei kurz auf die Kinderkomponente des § 7 b EStG hingewiesen. Diese Komponente wird im § 34 f EStG geregelt:

Bei Steuerpflichtigen, die erhöhte Absetzungen nach § 7 b in Anspruch nehmen, ermäßigt sich die tarifliche Einkommensteuer.

vermindert um die sonstigen Steuerermäßigungen mit Ausnahme des § 35, auf Antrag um je 600,-- DM für das zweite und jedes weitere Kind des Steuerpflichtigen oder seines Ehegatten. Voraussetzung ist,

1. daß der Steuerpflichtige das Objekt, bei einem Zweifamilienhaus mindestens eine Wohnung, zu eigenen Wohnzwecken nutzt oder wegen des Wechsels des Arbeitsortes nicht zu eigenen Wohnzwecken nutzen kann und
2. daß es sich einschließlich des ersten Kindes um Kinder im Sinne des § 32 Abs. 4 Satz 1, Abs. 5 bis 7 handelt, die zum Haushalt des Steuerpflichtigen gehören oder in dem für die erhöhten Absetzungen maßgebenden Begünstigungszeitraum gehört haben, wenn die Zugehörigkeit auf Dauer angelegt ist oder war.

Dieser Paragraph ist erstmals bei einem 7 b-Objekt anzuwenden,

- bei dem mit den Bauarbeiten nach dem 29.7.1981 begonnen oder
- bei dem der Antrag auf Baugenehmigung nach dem 29.7.1981 gestellt oder
- das aufgrund eines nach dem 29.7.1981 rechtswirksam abgeschlossenen obligatorischen Vertrags oder gleichstehenden Rechtsakts angeschafft worden ist.

Der Überschuß der Einnahmen über die Werbungskosten ist unter den Einkünften aus Vermietung und Verpachtung zu erfassen, soweit keine andere Einkunftsart vorgeht. Eine andere Einkunftsart geht z.B. vor, wenn das Grundstück zum Betriebsvermögen eines Gewerbetreibenden gehört. Der Überschuß der Einnahmen über die Werbungskosten wären in diesem Falle unter den Einkünften aus Gewerbebetrieb zu erfassen.

Liegt eine teilweise Selbstnutzung vor, so sind grundsätzlich zwei Wertermittlungen durchzuführen. Das Einfamilienhaus ist dann im Verhältnis der Nutzflächen für Selbstnutzung und sonstige Nutzung aufzuteilen. Eine sonstige Nutzung ist gegeben, wenn Räume zu eigenen oder fremden gewerblichen, beruflichen oder öffentlichen Zwecken genutzt werden. Das bekannteste Beispiel dürfte in diesem Zusammenhang das Arbeitszimmer im eigenen Einfamilienhaus sein.

Für den selbstgenutzten Teil ist der bereits beschriebene Grundbetrag (Nutzungswert) anzusetzen. Dieser aber nur mit dem prozentualen Anteil der selbstgenutzten Nutzfläche im Verhältnis zur gesamten Nutzfläche des Hauses.

Der sonstig genutzte Teil unterliegt dann der ebenfalls bereits beschriebenen Ermittlung des überschusses der Einnahmen über die Werbungskosten. Die Werbungskosten sind hier ebenfalls anteilig zu erfassen, soweit sie auf den entsprechend genutzten Teil des Hauses entfallen.

Wenn Teile des Einfamilienhauses vorübergehend zu Wohnzwecken vermietet werden, so wird dadurch die Eigenschaft des Grundstücks als Einfamilienhaus im allgemeinen nicht beeinträchtigt. Solange das Finanzamt eine Artfortschreibung des Grundstücks nicht durchgeführt hat, ist der Ansatz des Nutzungswertes zulässig.

übersteigen die Einnahmen aus der Vermietung von Teilen des Einfamilienhauses das Dreifache des anteilig auf diese Teile entfallenden Grundbetrages, mindestens jedoch die Grenze von 1.000,-- DM im Jahr, so sind die Einkünfte aus den vermieteten Räumen mit dem überschuß der Einnahmen über die - anteiligen - Werbungskosten zu erfassen.

Werden die Grenzen nicht erreicht, so kann auch für die vermieteten Räume ein Ansatz des Grundbetrages erfolgen.

Steht ein Ferienhaus oder eine Ferienwohnung dem Eigentümer während des ganzen Jahres zur Verfügung, ist der Nutzungswert anzusetzen. Wird das Haus zeitweise an Feriengäste vermietet, so sind für diesen Zeitraum die Einkünfte aus Vermietung und Verpachtung durch Gegenüberstellung der Einnahmen und der Werbungskosten zu ermitteln.
Wird das Ferienhaus ausschließlich zur Vermietung bereitgehalten, so ist grundsätzlich eine überschußermittlung durchzuführen, selbst wenn der Eigentümer das Haus kurzfristig selbst nutzt. Für den Zeitraum der Eigennutzung ist die erzielbare Miete als Einnahme zu berücksichtigen.

2.3.2 Zweifamilienhaus und andere vermietete Grundstücke

Der im Abschnitt 2.3.1 erläuterte Ansatz des Nutzungswertes mit dem Grundbetrag i. H. v. 1,4 % des Einheitswertes ist nicht auf Einfamilienhäuser beschränkt. Bei einer Wohnung im eigenen Haus, das kein Einfamilienhaus ist, wird der Nutzungswert ebenfalls angesetzt.

Dies gilt jedoch nur, wenn bei dem Zweifamilienhaus

- der Stpfl. als Bauherr den Antrag auf Baugenehmigung nach dem 29.07.1981 gestellt hat oder bei einem Fertighaus das Haus vor dem 30.7.1981 bestellt wurde,
- der Stpfl. als Erwerber den Kaufvertrag nach dem 29.7.1981 abgeschlossen hat,
- dem Stpfl. das Haus nach dem 29.7.1981 geschenkt worden ist,
- der Stpfl. das Haus geerbt hat und die beiden erstgenannten Voraussetzungen beim Erblasser vorgelegen haben.

Soweit die Voraussetzungen zum Ansatz des pauschalen Nutzungswertes erfüllt sind, sollten noch folgende Ausnahmen beachtet werden:
Die Einkünfte bei einem Zweifamilienhaus oder anderen Haus können insgesamt nicht pauschal ermittelt werden, wenn eine Wohnung oder eine anderen Zwecken dienende Einheit von Räumen

- zur dauernden Nutzung vermietet wurde oder
- innerhalb von 6 Monaten nach Fertigstellung oder Anschaffung des Hauses, nach Beendigung einer Vermietung oder der Selbstnutzung zur dauernden Nutzung vermietet wurde oder
- zu gewerblichen oder beruflichen Zwecken selbst genutzt oder zu diesen Zwecken unentgeltlich überlassen wurde und der so genutzte Teil des Hauses mindestens 1/3 der gesamten Nutzfläche des Hauses betragen hat.

Ist der Ansatz des Nutzungswertes nicht zulässig, erfolgt die Ermittlung der Einkünfte auch beim Zweifamilienhaus durch überschußrechnung.

Diese überschußermittlung erfolgt auch bei den Mietwohngrundstücken oder sonstigen vermieteten Grundstücken.

2.3.3 Eigentumswohnungen

Die Ausführungen in Abschnitt 2.3.1 zum Einfamilienhaus können ohne Änderungen zur steuerlichen Erfassung der Eigentumswohnungen übernommen werden. Bei Eigentumswohnungen ist demnach auch ein Ansatz des Grundbetrages vorzunehmen.

2.4 Sonstige Einkünfte

Der Einkommensteuer unterliegen

- Einkünfte aus Land- und Forstwirtschaft,
- Einkünfte aus Gewerbebetrieb,
- Einkünfte aus selbständiger Tätigkeit,
- Einkünfte aus nichtselbständiger Tätigkeit,
- Einkünfte aus Kapitalvermögen,
- Einkünfte aus Vermietung und Verpachtung,
- Sonstige Einkünfte im Sinne des § 22 EStG.

Sonstige Einkünfte sind laut gesetzlicher Definition Einkünfte aus wiederkehrenden Bezügen, soweit sie nicht zu den übrigen oben genannten Einkunftsarten gehören.

Die bekannteste Art der sonstigen Einkünfte sind die Renten. Die weit verbreitete Ansicht, daß Renten grundsätzlich steuerfrei sind, ist falsch. Bevor die Besteuerung der Renten näher erläutert wird, sollen zuvor einige allgemeine Grundsätze angeführt werden.

Die wiederkehrenden Bezüge dürfen sich bei wirtschaftlicher Betrachtung nicht als Kapitalrückzahlungen (Kaufpreisraten) darstellen. Sie setzen ebenfalls voraus, daß sie auf einem einheitlichen Beschluß oder einem einheitlichen Rechtsgrund beruhen und mit einer gewissen Regelmäßigkeit gewährt werden. Sie erfordern jedoch keine Leistung in stets derselben Höhe.

Das Gesetz zählt einige bestimmte Einkünfte unter der Bezeichnung "sonstige Einkünfte" auf:
- Unterhaltsbezüge, die Geschiedene oder Getrenntlebende von ihren (früheren) Ehegatten erhalten, sofern die Zahlungen bei diesen abzugsfähig sind,
- Einkünfte aus anderen wiederkehrenden Bezügen, z. B. Zeitrenten, Leibrenten sowie Einkünfte aus Zuschüssen und sonstigen Vorteilen, die als wiederkehrende Bezüge gewährt werden,
- Einkünfte aus Spekulationsgeschäften,

- Einkünfte aus bestimmten Leistungen und
- Abgeordnetenbezüge.

Die Höhe dieser Einkünfte wird als Überschuß der Einnahmen über die Werbungskosten ermittelt. Erklärt werden die Einkünfte in der Anlage KSO zur ESt-Erklärung.

Zu den Bezügen aus Unterhaltsleistungen sollte beachtet werden, daß eine Einigung der Ehegatten bzw. früheren Ehegatten über die Besteuerung vorliegen muß, um zur Besteuerung der Einkünfte zu gelangen. Damit dem Zahlenden die Möglichkeit gegeben ist, seine Aufwendungen als Sonderausgaben abzusetzen, muß der Zahlungsempfänger seine Bereitschaft erklären, die erhaltenen Beträge zu versteuern. Diese Regelung ist auf einen Höchstbetrag von 9.000,-- DM begrenzt. Ein höherer Ansatz der Einnahmen und der Sonderausgaben ist nicht möglich.

Leibrenten sind Renten, deren Laufzeit von der Lebenszeit einer Person abhängt. Eine grundsätzlich auf die Lebenszeit einer Person zu entrichtende Rente bleibt auch dann eine Leibrente, wenn sie unter bestimmten Voraussetzungen, z. B. Wiederverheiratung, früher endet.

Zu den Leibrenten rechnen also insbesondere die Renten aus den Rentenversicherungen (Angestellten-, Arbeiter-, Invaliden-, Knappschaftsversicherungen) und anderen privaten Versicherungen.

Private Leibrenten sind nicht in voller Höhe zu versteuern, sondern unterliegen der Besteuerung lediglich mit dem sogenannten Ertragsanteil. Der in jeder Rentenzahlung enthaltene Rückfluß des Kapitals wird nicht versteuert. Der Gesetzgeber geht davon aus, daß über viele Jahre Einzahlungen von Rentenversicherungsbeiträgen erfolgen. Diese Einzahlungen werden verzinst und vom Beginn des Versicherungsfalles an, z. B. Erreichen eines bestimmten Lebensalters, zurückgezahlt. Von den dann laufenden Rentenzahlungen wird nur der Ertragsanteil, das heißt der Zinsanteil zur Einkommensteuer herangezogen. Dieser Ertragsanteil ist verhältnismäßig niedrig. Soweit ein Rentner keine anderen Einkünfte außer seiner Rente bezieht, wird im Regelfalle der Eingangsbetrag der Steuertabelle nicht erreicht. Dadurch ergibt sich dann eine Steuerschuld in Höhe von 0,-- DM, die zu der falschen Annahme führt, daß die Renten grundsätzlich steuerfrei sind.

Der Ertragsanteil ergibt sich aus dem EStG. Er ist abhängig vom Lebensalter des Rentenempfängers zu Beginn der Rentenzahlung.

In Abschnitt 10.3 ist ein Programm zur Ermittlung dieses steuerpflichtigen Ertragsanteils von Renten zu finden.

Der folgende Auszug aus der Tabelle der Ertragsanteile soll die ungefähre Größenordnung des steuerpflichtigen Teils verdeutlichen:

Bei Beginn der Rente vollendetes Lebensjahr des Rentenberechtigten	Ertragsanteil in v. H.
50	41
51	39
52	38
53	37
54	36
55	35
56	34
57	33
58	32
59	31
60	29
61	28
62	27
63	26
64	25
65	24
66	23
67	22
68	21
69	20
70	19

Beispiel: Ein Rentner war zu Beginn der Rentenzahlung 63 Jahre alt. Aus der Tabelle ergibt sich ein Ertragsanteil in Höhe von 26 %. Erhielt der Rentner im Jahre 1983 insgesamt 12 x 1.750,-- DM = 21.000,-- DM. so hat er Einnahmen i. H. v. 26 % von 21.000,-- DM = 5.460,-- DM zu versteuern.

Der Ertragsanteil (= Einnahmen) ist noch um die Werbungskosten zu mindern.

Von den Unterhaltsleistungen, die ein Ehegatte erhält, wird, wie bei den Renten, ein Werbungskostenpauschbetrag in Höhe von 200,-- DM abgezogen. Dieser Abzug erfolgt insgesamt für die wiederkehrenden Bezüge (Unterhaltsleistungen, Renten) einmal. Die Pauschale von 200,-- DM gilt für jeden Ehegatten gesondert.

Soweit höhere Werbungskosten vorliegen, z. B. Rechtsberatungs- und Prozeßkosten, die mit den Bezügen in Zusammenhang stehen, so ist der höhere Abzug möglich, wenn die Kosten nachgewiesen werden.

Beispiel: Die Fortsetzung des letzten Beispiels wird dazu führen, daß die Einnahmen i. H. v. 5.460.-- DM um 200,-- DM zu mindern sind und damit Einkünfte i. H. v. 5.260,-- DM vorliegen. Soweit keine anderen Einkünfte vorliegen und als Familienstand "verheiratet" angenommen wird, so kann bereits an dieser Stelle gesagt werden, daß die Steuerschuld 0,-- DM beträgt. Der Eingangsbetrag der Splittingtabelle (siehe Kapitel 7) erfordert ein zu versteuerndes Einkommen von mindestens 8.639.-- DM um eine Steuerschuld auszulösen.

Soweit die Grundtabelle (ledig, verwitwet, geschieden) anzuwenden ist, liegt der Eingangsbetrag der Tabelle bei 4.319,-- DM. Da die o. g. Einkünfte noch um Sonderausgaben und andere Beträge zu mindern sind, kann es auch bei der Anwendung der Grundtabelle und Einkünften i. H. v. 5.260.-- DM zu einer Steuerschuld von 0,-- DM führen.

Je jünger der Rentenempfänger zu Beginn der Rentenzahlung war, desto höher ist der steuerpflichtige Anteil der Rente. Wenn außer der Rente noch andere Einkünfte vorliegen, so kann davon ausgegangen werden, daß eine Einkommensteuerschuld anfällt, die dann zum Teil auf die Rentenbezüe entfällt.

Bei der Ermittlung des Ertragsanteils einer lebenslänglich zu zahlenden Leibrente ist von dem bei Beginn der Rentenzahlung vollendeten Lebensjahr auszugehen. Liegt der Beginn der Rentenzahlung vor dem 1.1.1955, so ist das vor diesem Zeitpunkt vollendete Lebensjahr des Rentenberechtigten maßgebend.

Unter 'Beginn der Rente' ist bei Renten auf Grund eines privaten Versicherungsvertrages oder aus den gesetzlichen Rentenversicherungen der Zeitpunkt zu verstehen, von dem an versicherungsrechtlich die Rente zu laufen beginnt. Dies ist vor allem zu beachten, wenn es zu Rentennachzahlungen kommt.

Beispiel: Ein Rentner erhält ab 1.2.1984 eine monatliche Rente in Höhe von 1.860,-- DM. Die Zahlungen beginnen aber erst im August 1984, weil z. B. der Rentenantrag so spät gestellt wurde, daß er bis zum 1.2.1984 nicht bearbeitet werden konnte. Für die Monate Februar bis Juli wird die Rente in einem Betrag (Nachzahlung) im August gezahlt. Für die Ermittlung des Ertragsanteils ist das Alter am 1.2.1984 und nicht das Alter im August maßgebend.

Der Zeitpunkt der Beantragung der Rente oder der Zeitpunkt der tatsächlichen Zahlung sind für die Feststellung der Höhe des steuerpflichtigen Anteils der Rente unbedeutend.

Setzt der Beginn des Rentenbezugs die Vollendung eines bestimmten Lebensalters voraus, und wird die Rente schon von Beginn des Monats gewährt, in dem die Person das bestimmte Lebensjahr vollendet hat, so ist dieses Alter bei der Ermittlung des Ertragsanteils zugrunde zu legen.

Beispiel: Der im letzten Beispiel genannte Rentner erhielt die Rente mit Wirkung vom 1.2.1984, obwohl er erst am 17.2.1984 das 65. Lebensjahr erreichte. Hier wird unterstellt, daß bereits am 1.2.1984 das 65. Lebensjahr erreicht wurde. Der Ertragsanteil beträgt damit nicht 25 %, sondern nur 24 %.

Eine Rentenbesteuerung wie vorstehend geschildert ist nicht bei jeder Rente vorzunehmen.

Eine Ausnahme stellt die sogenannte abgekürzte Leibrente dar. Diese abgekürzten Leibrenten sind auf eine bestimmte Zeit beschränkt. Die Laufzeit einer aus den gesetzlichen Rentenversicherungen gezahlten Rente wegen Berufsunfähigkeit oder wegen Erwerbsunfähigkeit ist z. B. dadurch beschränkt, daß sie in dem Zeitpunkt endet, in dem die Rente in das Altersruhegeld umgewandelt wird.

Beispiel: Ein Arbeiter wird im Alter von 48 Jahren durch Krankheit erwerbsunfähig. Er erhält eine Erwerbsunfähigkeitsrente. Diese wird gezahlt bis zum Tode des Rentners oder bis dieser das Alter erreicht, bei dem eine Umwandlung in das Altersruhegeld erfolgt (etwa 62. Lebensjahr). Es liegen in diesem Falle zwei Renten vor.

1. Rente: Es liegt eine abgekürzte Leibrente bis zum Erreichen des 62. Lebensjahres vor.
2. Rente: Ab Erreichen des 62. Lebensjahres wird eine normale Altersrente = Alersruhegeld gezahlt. Dies ist die übliche Leibrente.

Durch die Umwandlung in das Altersruhegeld wird eine neue Rente begründet, für die sich ein neuer Ertragsanteil ergibt.

In der EStDV ist eine Tabelle abgedruckt, die ausschließlich für die genannten abgekürzten Leibrenten gilt.

Auszug aus der Tabelle für die Ermittlung der Ertragsanteile bei abgekürzten Leibrenten:

Beschränkung der Laufzeit auf ... Jahre ab Beginn des Rentenbezugs	der Ertragsanteil beträgt	der Ertragsanteil ist der anderen Tabelle zu entnehmen, wenn zu Beginn der Rente das ... te Lebensjahr vollendet war
2	2	97
3	5	90
4	7	86
5	9	83
6	10	81
7	12	79
8	14	76
9	16	74
10	17	73
11	19	71
12	21	69
13	22	68
14	24	66
15	25	65
16	26	64
17	28	62

Spekulationsgeschäfte sind ebenfalls in bestimmten Fällen als Einkünfte zu erfassen.
Veräußerungsgeschäfte bei denen zwischen Kauf und Verkauf ein bestimmter Zeitraum nicht verstrichen ist, können steuerpflichtige Spekulationsgeschäfte sein. Die genannte steuerliche Spekulationsfrist beträgt

- bei Grundstücken und Rechten, die den Vorschriften des bürgerlichen Rechts über Grundstücke unterliegen (Erbbaurecht, Erbpachtrecht, ...), zwei Jahre und
- bei anderen Wirtschaftsgütern, insbesondere bei Wertpapieren, sechs Monate.

Es ist steuerlich unerheblich, ob in einer spekulativen Absicht gehandelt wurde. Soweit die Spekulation planmäßig durchgeführt wird, können jedoch Einkünfte aus Gewerbebetrieb gegeben sein.

Selbst hergestellte Wirtschaftsgüter können nicht Grundlage für ein Spekulationsgeschäft sein. Das Wirtschaftsgut muß - erworben - sein.

Für die Berechnung der Frist ist die eingegangene Verpflichtung maßgebend.

Beispiel: Ein Grundstückseigentümer unterzeichnet den Kaufvertrag am 3.3.1984. In dem Vertrag ist geregelt, daß der wirtschaftliche übergang am 1.7.1984 erfolgt. Die Frist beginnt bereits mit Unterzeichnung der Verpflichtung am 3.3.1984.

Entsprechendes gilt beim Fristablauf mit dem Verkaufsvertrag.

Ein Spekulationsgeschäft kann sich bei allen Wirtschaftsgütern ergeben, nicht nur bei Grundstücken und Wertpapieren. Auch der Verkauf von Kunstgegenständen, Schmuck, Kraftfahrzeugen und sonstigen privaten Gegenständen kann ein Spekulationsgeschäft sein.

Der steuerlich zu erfassende Spekulationsgewinn ist der Unterschiedsbetrag zwischen dem Veräußerungspreis und den Anschaffungskosten. Der Unterschiedsbetrag ist um die Werbungskosten zu kürzen.
Eine steuerliche Erfassung erfolgt in dem Jahr, in dem der Gewinn zufließt. Dies kann sich unter Umständen über mehrere Jahre erstrecken.

Spekulationsgewinne sind nur dann steuerlich zu erfassen, wenn sie in einem Jahr den Betrag von 1.000.-- DM überschreiten. Alle Spekulationsgeschäfte eines Jahres sind dabei zusammenzurechnen. Verluste aus einem Spekulationsgeschäft können mit den positiven Beträgen aus Spekulationsgeschäften saldiert werden. Mit anderen Einkünften können die Verluste nicht saldiert werden. Der Betrag in Höhe von

1.000,-- DM ist eine steuerliche Freigrenze und nicht etwa ein Freibetrag. Der Freibetrag mindert einen steuerlichen Wert. Die Freigrenze führt jedoch zu einer anderen Wirkung.

Beispiel: Es liegt ein Spekulationsgewinn von 897,-- DM vor. Die Freigrenze wird nicht erreicht. Steuerlich sind die Spekulationsgeschäfte mit 0,-- DM zu berücksichtigen.

Beispiel: Es liegt ein Spekulationsgewinn in Höhe von 1.346,-- DM vor. In diesem Falle ist die Grenze von 1.000,-- DM überschritten. Der Gewinn ist mit dem vollen Betrag von 1.346,-- DM anzusetzen.

Die Freigrenze besagt somit, daß Beträge bis zur Grenze in voller Höhe wegfallen und Beträge über der Grenze in voller Höhe angesetzt werden müssen.

Haben beide zusammenveranlagte Ehegatten Spekulationsgewinne erhalten, so steht jedem der Ehegatten die Freigrenze zu.

Einkünfte aus bestimmten (gelegentlichen) Leistungen sind eine weitere Art der sonstigen Einkünfte.

Darunter fallen insbesondere die Einkünfte aus der Vermietung und Verpachtung von beweglichen Gegenständen und aus gelegentlichen Vermittlungen. Folgende Fälle können beispielhaft genannt werden:

- Bürgschaftsprovisionen,
- Entgelte für das freiwillige Einsammeln von leeren Flaschen,
- Entgelte für die Beschränkung von Grundstücksnutzungen,
- Entgelte für die Einräumung von Vorkaufsrechten,
- Abfindungen für die Aufgabe einer Wohnung,
- Vergütungen, die jemand dafür erhält, daß er einen anderen mit seinem eigenen Kraftfahrzeug mitnimmt.

Eine Steuerpflicht tritt für diese Art der Einkünfte nur ein, wenn die Freigrenze in Höhe von 500,-- DM überschritten wird. Auch hier sollte beachtet werden, daß eine Freigrenze vorliegt. Dieser Betrag steht ebenfalls jedem Ehegatten einmal zu. Verluste aus diesen Vorgängen sind wie bei den Spekulationsgeschäften verrechenbar.

Abgeordnetenbezüge sind Leistungen, die den Abgeordneten auf Grund des Abgeordnetengesetzes, des Europaabgeordnetengesetzes oder der entsprechenden Gesetze der Länder gewährt werden.

Leistungen, die außerhalb dieser Gesetze gewährt werden, z. B. Zahlungen der Fraktionen, unterliegen den allgemeinen Grundsätzen der Besteuerung.

2.5 übrige Einkünfte

Bisher wurden die

- Einkünfte aus nichtselbständiger Tätigkeit,
- Einkünfte aus Kapitalvermögen,
- Einkünfte aus Vermietung und Verpachtung und
- sonstige Einkünfte

näher erläutert.

Auf die übrigen Einkunftsarten

- Einkünfte aus Land- und Forstwirtschaft
- Einkünfte aus Gewerbebetrieb
- Einkünfte aus selbständiger Tätigkeit

soll nicht im gleichen Umfang eingegangen werden, da dies zu weit führen würde.

Diese Einkunftsarten stehen auch bei den Listings im Kapitel 10 im Hintergrund. Soweit steuerliche Werte aus diesen Einkunftsarten zu berücksichtigen sind, werden die Werte im Dialog erfragt und bei den Berechnungen verarbeitet.

2.6 Altersentlastungsbetrag

Nach Ermittlung der Einkünfte ist zu prüfen, ob ein Altersentlastungsbetrag zu berücksichtigen ist.

Die Berechnung ergibt sich aus § 24 a EStG:

'Altersentlastungsbetrag ist ein Betrag von 40 vom Hundert des Arbeitslohns und der positiven Summe der Einkünfte, die nicht solche aus nichtselbständiger Arbeit sind, höchstens jedoch insgesamt ein Betrag von 3000 Deutsche Mark im Kalenderjahr. Versorgungsbezüge im Sinne des § 19 Abs. 2,

Einkünfte aus Leibrenten im Sinne des § 22 Nr. 1 Buchstabe a und Einkünfte im Sinne des § 22 Nr. 4 Satz 4 Buchstabe b bleiben bei der Bemessung des Betrages außer Betracht. Der Altersentlastungsbetrag wird einem Steuerpflichtigen gewährt, der vor dem Beginn des Kalenderjahrs, in dem er sein Einkommen bezogen hat, das 64. Lebensjahr vollendet hatte. Im Fall der Zusammenveranlagung von Ehegatten zur Einkommensteuer sind die Sätze 1 bis 3 für jeden Ehegatten gesondert anzuwenden.'

Wer also am 1.1.1919 oder früher geboren wurde, kann für 1983, soweit die übrigen Voraussetzungen vorliegen, den Altersentlastungsbetrag beanspruchen. Um den Altersentlastungsbetrag für 1984 beanspruchen zu können, ist entsprechend ein Geburtsdatum 1.1.1920 oder früher erforderlich.

Auf weitere Erläuterungen wird an dieser Stelle verzichtet, da in den folgenden Programmen die Berechnung des Altersentlastungsbetrages programmgesteuert erfolgt und keine Berechnungen durch den Anwender erforderlich sind.

3 Sonderausgaben

Sonderausgaben sind bestimmte im Gesetz genau bezeichnete Aufwendungen, die vom Gesamtbetrag der Einkünfte abgezogen werden, wenn sie weder Betriebsausgaben noch Werbungskosten sind.

Sonderausgaben sind die folgenden Aufwendungen:

- Unterhaltsleistungen an den geschiedenen oder dauernd getrennt lebenden unbeschränkt einkommensteuerpflichtigen Ehegatten, wenn der Zahlende dies mit Zustimmung des Empfängers beantragt (siehe auch Abschnitt 2.4, 'sonstige Einkünfte'),
- auf besonderen Verpflichtungsgründen beruhende Renten und dauernde Lasten, die nicht mit Einkünften in wirtschaftlichem Zusammenhang stehen, die bei der Veranlagung außer Betracht bleiben,
- Beiträge zu Kranken-, Unfall-, Haftpflichtversicherungen, zu den gesetzlichen Rentenversicherungen und an die Bundesanstalt für Arbeit,
- Versicherungen auf den Erlebens- oder Todesfall,
- Beiträge an Bausparkassen,
- gezahlte Kirchensteuer
- abzugsfähige Teile der Vermögensabgabe, Hypothekengewinnabgabe und der Kreditgewinnabgabe.
- Steuerberatungskosten,
- Aufwendungen für die Berufsausbildung oder Weiterbildung in einem nicht ausgeübten Beruf des Steuerpflichtigen,
- Spenden.

Der Abzug als Sonderausgaben ist nur bei tatsächlichem Abfluß des Geldes zulässig. Das Entstehen einer Zahlungsverpflichtigung ist nicht ausreichend. Soweit es sich um Ehegatten handelt, ist es im Regelfall gleichgültig, ob die Sonderausgaben vom Ehemann oder von der Ehefrau getragen wurden. Im übrigen ist jedoch zu beachten, daß nur die eigenen Sonderausgaben berücksichtigt werden können. Sonderausgaben, die ein Kind des Stpfl. auf Grund einer eigenen Verpflichtung zu leisten hat, können daher keine Berücksichtigung finden, wenn es um den Sonderausgabenabzug der Eltern geht. Auch wenn der Stpfl. mit den Aufwendungen belastet wird, muß der Grundsatz beachtet werden.

Soweit sich Sonderausgaben steuerlich nicht auswirken, ist eine Übertragung auf ein anderes Kalenderjahr nicht möglich.

Die Sonderausgaben sind in zwei Gruppen zu unterteilen

- unbeschränkt abzugsfähige Sonderausgaben,
- beschränkt abzugsfähige Sonderausgaben (Vorsorgeaufwendungen).

3.1 Unbeschränkt abzugsfähige Sonderausgaben

Die Einteilung in beschränkt und unbeschränkt abzugsfähige Ausgaben stellt lediglich eine grobe Einteilung dar. Der Begriff - unbeschränkt - darf daher nicht wörtlich genommen werden.

Zu den sogenannten unbeschränkt abzugsfähigen Sonderausgaben zählen

- Renten und dauernde Lasten,
- Unterhaltsleistungen,
- Kirchensteuern,
- Vermögensabgabe, u.ä.
- Steuerberatungskosten,
- Aus- und Weiterbildungskosten,
- Spenden.

Bei jeder Veranlagung wird für diese Sonderausgaben mindestens ein Pauschbetrag von 270,-- DM berücksichtigt. Im Falle der Zusammenveranlagung von Ehegatten erhöht sich dieser Pauschbetrag auf 540,-- DM. Dieser Pauschbetrag, wie jeder Pauschbetrag, kommt immer dann zum Zuge, wenn keine höheren Aufwendungen abzuziehen sind.

3.1.1 Renten und dauernde Lasten

Ein Sonderausgabenabzug ist nicht möglich, soweit die Renten oder dauernden Lasten im Rahmen der Einkunftsermittlung als

Werbungskosten oder Betriebsausgaben Berücksichtigung finden.

Bei einem entgeltlichen übertragungsvertrag, z. B. Verkauf eines Grundstücks gegen Rentenzahlung, dürfte grundsätzlich ein Werbungskostenabzug oder ein Abzug als Betriebsausgabe zum Zuge kommen.

Im Falle des Abzugs einer Leibrente ist nur der Ertragsanteil (siehe Abschnitt 2.4) abzugsfähig, da der Rentenempfänger auch nur den Ertragsanteil als Einnahme anzusetzen hat.

Da es nur sehr selten zum Abzug von Renten oder dauernden Lasten als Sonderausgaben kommt, wird auf weitere Ausführungen verzichtet.

Es sei nur auf folgende Beispiele einer dauernden Last hingewiesen:

- im Rahmen des schuldrechtlichen Versorgungsausgleichs an den geschiedenen Ehegatten geleistete Geldrenten oder abgetretene Versorgungsansprüche,
- wiederkehrende Erbschaftsteuerzahlungen des Vermächtnisnehmers im Sinne des § 33 ErbStG,
- wiederkehrende Zahlungen an Angehörige als Entschädigung für den Verzicht auf eine Erbauseinandersetzung.

Die dauernden Lasten sind grundsätzlich in voller Höhe abziehbar.

3.1.2 Unterhaltsleistungen

Der Abzug ist auf 9.000,-- DM beschränkt und nur möglich, wenn der Zahlungsempfänger die entsprechenden Einnahmen versteuert. Dort ist der Ansatz der Einnahmen natürlich auch auf 9.000,-- DM begrenzt. Der Antrag bzw. die Zustimmung des Empfängers kann nicht zurückgenommen werden. Die Zustimmung gilt jedoch immer nur für ein Jahr.

Es ist für die steuerliche Behandlung unerheblich, ob die Unterhaltsleistungen freiwillig oder auf Grund gesetzlicher

Unterhaltspflicht erbracht werden. Ferner ist ohne Bedeutung, ob es sich um laufende oder um einmalige Leistungen handelt. Sachleistungen, z. B. Nutzungsüberlassung an einer Wohnung, sind ebenfalls zu erfassen und den Geldleistungen gleichgestellt. Sollten Unterhaltsaufwendungen an mehrere Ehegatten gezahlt werden, so sind die Zahlungen an jeden einzelnen Empfänger gesondert zu beurteilen. So steht z. B. mehrfach der Höchstbetrag von 9.000,-- DM zur Verfügung.

Es ist zulässig, daß die Zustimmung zum Sonderausgabenabzug auf einen Teil der Zahlungen beschränkt wird. Demnach sind dann selbstverständlich auch nur die entsprechenden Werte als Einnahmen zu berücksichtigen.

Auf die Möglichkeit, die Aufwendungen als außergewöhnliche Belastung zu berücksichtigen, wird hingewiesen (Abschnitt 4.2.3).

3.1.3 Kirchensteuer

Kirchensteuern im Sinne des EStG sind Geldleistungen, die von den als Körperschaften des öffentlichen Rechts anerkannten Religionsgemeinschaften von ihren Mitgliedern auf Grund gesetzlicher Bestimmungen erhoben werden.

Soweit die Zahlungen nicht auf Grund gesetzlicher Bestimmungen erfolgen, sondern freiwillig geleistet werden, liegen keine Kirchensteuern vor. Hier ist jedoch zu prüfen, ob eine steuerliche Berücksichtigung als Spende möglich ist.

Beiträge der Mitglieder von Religionsgemeinschaften, die mindestens in einem Bundesland als Körperschaft des öffentlichen Rechts anerkannt sind, aber während des ganzen Kalenderjahres keine Kirchensteuern erheben, können wie Kirchensteuern abgezogen werden. Die Zahlungen sind in jedem Falle nachzuweisen. Der Abzug ist bis zur Höhe der Kirchensteuer zulässig, die in dem betreffenden Bundesland unter Berücksichtigung der Kinderermäßigung von den als Körperschaften des öffentlichen Rechts anerkannten Religionsgemeinschaften erhoben wird. Bei unterschiedlichen Kirchensteuersätzen ist der höchste Steuersatz maßgebend.

Es ist zu beachten, daß die Kirchensteuer, die im Kalenderjahr tatsächlich entrichtet wurde, um die Beträge zu mindern ist, die im Laufe des Kalenderjahres erstattet oder gutgeschrieben wurden.

Beispiel: Laut Lohnsteuerkarte wurde im Jahre 1984 ein Betrag von insgesamt 457,-- DM an Kirchensteuern einbehalten und damit vom Stpfl. gezahlt. Im April 1984 erhielt der Stpfl. eine Erstattung auf Grund eines LStJA-Antrages für 1983. In dem Erstattungsbetrag sind unter anderem 32,-- DM Kirchensteuer enthalten.

  457,-- DM Kirchensteueraufwand für 1984
- 32,-- DM abzuziehende Erstattung in 1984
= 425,-- DM berücksichtigungsfähiger Kirchensteueraufwand für 1984.

Es ist für den Ansatz als Sonderausgabe unmaßgeblich, ob es sich um Vorauszahlungen, Abschlußzahlungen oder um einbehaltene Kirchensteuern aus Lohnzahlungen handelt.

Ebenfalls unbeachtlich ist der Zeitraum für den die Zahlung erfolgt.

Beispiel: Im September 1983 wird die ESt-Erklärung für 1982 beim Finanzamt eingereicht. Im Januar 1984 folgt der ESt-Bescheid für 1982, der zu einer Nachzahlung im Jahre 1984 für 1982 führt.
Die 1984 für 1982 gezahlte Kirchensteuer ist in der Steuererklärung 1984 als Sonderausgabe zu erfassen.

Der Abzug der Kirchensteuer ist ausgeschlossen, soweit es sich um willkürliche, die voraussichtliche Steuerschuld weit überschreitende Zahlungen handelt.

Da die Kirchensteuer grundsätzlich keiner Höchstbetragsberechnung unterliegt, sollte zum Spendenabzug eine strenge Abgrenzung erfolgen. Der Spendenabzug unterliegt einer Höchstbetragsberechnung und könnte damit zu einer anderen steuerlichen Auswirkung führen als der Kirchensteuerabzug.

3.1.4 Steuerberatungskosten

Steuerberatungskosten, zu denen auch Aufwendungen für Steuerfachliteratur gehören, können nur dann als Sonderausgaben erfaßt werden, wenn der Ansatz als Betriebsausgabe oder Werbungskosten ausscheidet.

Beispiel: Ein Unternehmer läßt durch einen Steuerberater seine Umsatz- und Gewerbesteuererklärung erstellen. Die Kosten, die er dafür zu zahlen hat sind unter den Betriebsausgaben zu erfassen.
Dieser Unternehmer läßt auch seine ESt-Erklärung durch den Steuerberater erstellen. Die Beratungskosten sind insoweit als Sonderausgaben zu berücksichtigen.

Sollte eine genaue Aufteilung zwischen Betriebsausgaben, Werbungskosten und Sonderausgaben nicht möglich sein, so ist eine Aufteilung durch Schätzung herbeizuführen.

3.1.5 Ausbildungskosten / Weiterbildungskosten

Aufwendungen des Steuerpflichtigen für seine Berufsaus- oder seine Weiterbildung in einem nicht ausgeübten Beruf sind, bis 900,-- DM im Kalenderjahr, als Sonderausgaben abzugsfähig. Dieser Betrag i. H. v. 900,-- DM erhöht sich auf 1.200,-- DM, wenn der Stpfl. wegen der Aus- oder Weiterbildung außerhalb des Ortes untergebracht ist, in dem er einen eigenen Hausstand unterhält. Die genannten Beträge sind bei zusammenzuveranlagenden Ehegatten jedem der Ehegatten zu gewähren.

Als Aufwendungen für eine Berufsausbildung gelten auch Aufwendungen für eine hauswirtschaftliche Aus- oder Weiterbildung. Nicht zu den berücksichtigungsfähigen Ausgaben gehören die Aufwendungen für die Kosten der Lebenshaltung, es sei denn, daß es sich um Mehraufwendungen handelt, die durch die o. g. auswärtige Unterbringung verursacht werden.

Bei den Sonderausgaben für die Aus- oder Weiterbildung in einem nicht ausgeübten Beruf ist stets die Abrenzung zu den

Fortbildungskosten in einem bereits ausgeübten Beruf zu beachten. Die Aufwendungen, die Fortbildungskosten darstellen, sind als Werbungskosten oder Betriebsausgaben zu erfassen.

Die genaue Abgrenzung ist insbesondere wegen der Begrenzung auf 900,-- DM bzw. 1.200,-- DM wichtig. Die Fortbildungskosten sind in ihrer Höhe nicht dieser Begrenzung unterworfen.

Der Erwerb von Kenntnissen, die als Grundlage für einen auszuübenden Beruf notwendig sind, vollzieht sich im Bereich der Ausbildung. Hierdurch entstehende Aufwendungen gehören grundsätzlich als Ausbildungskosten zu den Kosten der privaten Lebensführung und sind daher nur im Rahmen der Sonderausgaben absetzbar.

Im Gegensatz hierzu stellen Fortbildungskosten, d. h. Kosten, die bedingt sind durch eine Weiterbildung in einem ausgeübten Beruf, um in diesem Beruf auf dem laufenden zu bleiben und den jeweiligen Anforderungen gerecht zu werden, abzugsfähige Werbungskosten dar.

Diese grundsätzliche Unterscheidung reicht in vielen Fällen allein nicht aus, wenn die in der Ausbildung befindlichen Personen während der Ausbildung Bezüge, z. B. Unterhaltszuschüsse oder Beihilfen, auf Grund eines zum Zwecke der Ausbildung eingegangenen oder fortbestehenden Dienstverhältnisses erhalten und diese Bezüge steuerpflichtige Einnahmen darstellen. Sind diese Bezüge Arbeitslohn, so können die im Rahmen eines solchen Dienstverhältnisses entstandenen Aufwendungen für die berufliche Bildung Werbungskosten sein, wenn

- der in der Ausbildung befindlichen Person während der Zeit der Ausbildung steuerpflichtige Einnahmen im Rahmen eines gegenwärtigen Dienstverhältnisses zufließen,
- das Dienstverhältnis zum Zwecke der Ausbildung besteht und
- das Dienstverhältnis im wesentlichen Maße durch die Ausbildung geprägt wird.

Einige Abgrenzungsbeispiele:

- Bildungsaufwendungen, die Beamtenanwärtern in Zusammenhang mit ihrem Dienstverhältnis entstehen, sind keine Ausbildungskosten sondern Werbungskosten.

- Die einem Berufssoldaten durch die Teilnahme an einem Bildungslehrgang an einer Bundeswehrfachschule entstandenen Aufwendungen sind keine Werbungskosten, sondern Sonderausgaben (Zulassung von Unteroffizieren zur Laufbahn der Offiziere des Truppendienstes).
- Aufwendungen eines Chemielaboranten für den Besuch einer Ingenier-Fachschule mit dem Ziel, graduierter Chemieingenieur zu werden, sind Ausbildungskosten.
- Kosten zur Erlangung der Doktorwürde sind Ausbildungskosten, und zwar auch dann, wenn die Doktorprüfung erst nach Eintritt in das Berufsleben abgelegt wird.
- Aufwendungen eines Hochbauingenieurs, der an einer Hochschule Architektur studiert, sind Ausbildungskosten, und zwar auch dann, wenn er bereits vorher mit den Tätigkeiten eines Architekten befaßt war.
- Aufwendungen eines Kaufmannsgehilfen für den Besuch einer Höheren Wirtschaftsfachschule, um graduierter Betriebswirt zu werden, sind Ausbildungskosten.
- Aufwendungen eines Referendars für die zweite Staatsprüfung sind keine Kosten der Berufsausbildung, sondern Werbungskosten.
- Aufwendungen eines Volksschullehrers aus Anlaß eines Studiums an einer Pädagogischen Hochschule mit dem Ziel, die Qualifikation eines Sonderschullehrers zu erwerben, sind Fortbildungskosten.

Zu den abziehbaren Aufwendungen gehören nicht nur die unmittelbaren Ausbildungs- oder Weiterbildungskosten

- Schul-, Lehrgangs- und Studiengebühren,
- Aufwendungen für Lernmaterial, Fachbücher, ...

sondern auch Aufwendungen für Fahrten zwischen Wohnung und Ausbildungs- oder Weiterbildungsstätte.

Wenn zur unmittelbaren Förderung der Aus- oder Weiterbildung steuerfreie Bezüge vorliegen, mit denen Aufwendungen zur Aus- oder Weiterbildung abgegolten werden, so entfällt insoweit der Sonderausgabenabzug. Darunter sind unter anderem Zahlungen des Arbeitsamtes zur Aus- oder Weiterbildung zu verstehen.

Der Begriff der Aus- oder Weiterbildung schließt auch den Besuch von kurzen Tages- und Abendkursen ein, die der Aus- oder Weiterbildung dienen.

3.1.6 Spenden

Ausgaben zur Förderung mildtätiger, kirchlicher, religiöser, wissenschaftlicher und staatspolitischer Zwecke und der als besonders förderungswürdig anerkannten gemeinnützigen Zwecke sind bis zur Höhe von insgesamt 5 % des Gesamtbetrages der Einkünfte oder 2 vom Tausend (v. T.) der Summe der gesamten Umsätze und der im Kalenderjahr aufgewendeten Löhne und Gehälter als Sonderausgaben abzugsfähig. In bestimmten Bereichen erhöht sich dieser Höchstbetrag. Bis 1983 einschließlich verdoppelte sich für wissenschaftliche, staatspolitische und als besonders förderungswürdig anerkannte kulturelle Zwecke der Satz von 5 %. Die Grenze von 2 v. T. wird nicht verdoppelt. Ab 1984 erfolgt keine Erhöhung der 5 %.

Die Höchstbetragsberechnung der Spenden unter Berücksichtigung der Umsätze und Löhne wird in den Programmen nicht berücksichtigt. Lediglich die Grenze von 5 % des Gesamtbetrages der Einkünfte wird beachtet.

Die Zuwendung von Sachspenden ist ebenfalls begünstigt.

Beiträge und Spenden an politische Parteien unterlagen bis 1983 einer gesonderten Berechnung. Spenden und Beiträge waren bis 1.800,-- DM abzugsfähig. Bei Ehegatten, die zusammenveranlagt werden, erhöht sich dieser Höchstbetrag auf 3.600,-- DM. Ab 1984 fallen Spenden und Beiträge an politische Parteien unter die oben genannte '5 % - Regelung'.

Verschiedene Spenden dürfen, um steuerlich berücksichtigt zu werden, nicht direkt an den Empfänger gegeben werden. In einigen Fällen, z. B. bei Spenden an Sportvereine, muß die Spende über eine juristische Person des öffentlichen Rechts oder eine öffentliche Dienststelle geleistet werden. Es handelt sich hierbei um sogenannte Durchlaufspenden. Um hier keinen Fehler zu begehen, ist eine Rückfrage beim Finanzamt oder bei einem Steuerberater angebracht.

Mitgliedsbeiträge sind dann als Spende berücksichtigungsfähig, wenn die Verpflichtung zur Durchlaufspende nicht vorliegt (z. B. Mitgliedsbeitrag beim 'Deutschen Roten Kreuz').

Der Spendenabzug kann nur vorgenommen werden, wenn der erforderliche Nachweis vorliegt (Spendenbescheinigung). In einigen Ausnahmefällen genügt bereits ein einfacher Zahlungsbeleg, z. B. bei Kleinbeträgen bis 100.-- DM.

Die geleisteten Beträge können nicht als Spende berücksichtigt werden, soweit eine Gegenleistung für den hingegebenen Betrag vorliegt. Als bekanntes Beispiel sind für eine Gegenleistung die 'Wohlfahrtsbriefmarken' zu sehen.

3.2 Beschränkt abzugsfähige Aufwendungen (Vorsorgeaufwand)

Diese Aufwendungen unterliegen dem sogenannten Kreditaufnahmeverbot. Voraussetzung für den Abzug von Versicherungsbeiträgen mit Sparanteil und Bausparbeiträgen ist, daß sie weder unmittelbar noch mittelbar in wirtschaftlichem Zusammenhang mit der Aufnahme eines Kredits stehen.

Für Kranken-, Unfall- und Haftpflichtversicherungen und Risikolebensversicherungen, die nur für den Todesfall eine Leistung vorsehen, gilt das Kreditaufnahmeverbot nicht. Die dem Verbot unterliegenden Versicherungen müssen also aus eigenem verfügbaren Einkommen geleistet werden.

Eine weitere allgemeine Voraussetzung für den Abzug von Vorsorgeaufwendungen ist, daß diese nicht in wirtschaftlichem Zusammenhang mit steuerfreien Einnahmen stehen.

Dazu gehören

- gesetzliche Arbeitnehmeranteile zur Sozialversicherung, die auf steuerfreien Arbeitslohn entfallen,
- Einnahmen, die nach ihrer Zweckbestimmung zur Leistung der Vorsorgeaufwendungen dienen, wie
  - steuerfreie Zukunftssicherungen des Arbeitgebers,
  - Beiträge zur Alters- und Hinterbliebenenversicherung, die Wehrpflichtigen oder Zivildienstleistenden erstattet werden.

3.2.1 Vorsorge-Pauschbetrag

Für Vorsorgeaufwendungen wird ein Pauschbetrag i. H. v. 300,-- DM berücksichtigt, soweit keine höheren Aufwendungen nachgewiesen werden.
Bei Ehegatten, die zusammenveranlagt werden, wird der Betrag auf 600,-- DM erhöht.

3.2.2 Vorsorge-Pauschale

Liegt für den Stpfl. Arbeitslohn vor, tritt an die Stelle des Vorsorge-Pauschbetrages eine Vorsorge-Pauschale.

Die Vorsorge-Pauschale beträgt

- 9 % des Arbeitslohns, höchstens 2.340,-- DM, zuzüglich 600,-- DM für jedes Kind, für Zahlkinder 300,-- DM, zuzüglich
- 9 % des Arbeitslohns, höchstens 1.170,-- DM, zuzüglich 300,-- DM für jedes Kind, für Zahlkinder 150,-- DM,

mindestens jedoch 300,-- DM. Bei zusammenveranlagten Ehegatten verdoppeln sich die Beträge von 2.340,-- DM, 1.170,-- DM und der Mindestbetrag i. H. v. 300,-- DM.

Aus Vereinfachungsgründen ist diese Vorsorge-Pauschale bisher ohne Rücksicht darauf gewährt worden, ob der Arbeitnehmer sozialversicherungspflichtig oder von der Sozialversicherungspflicht befreit ist. Die Vorsorge-Pauschale ist daher für einige Stpfl. gekürzt worden.

Die gekürzte Vorsorge-Pauschale erhalten folgende Arbeitnehmer:

- Beamte, Richter, Berufssoldaten,
- Arbeitnehmer, die Versorgungsbezüge i. S. des § 19 Abs. 2 Nr. 1 EStG erhalten (Ruhegehalt, Witwen- oder Waisengeld, Unterhaltsbeitrag oder gleichartiger Bezug auf Grund beamtenrechtlicher oder entsprechender gesetzlicher Vorschriften oder nach beamtenrechtlichen Grundsätzen von Körperschaften, Anstalten oder Stiftungen des öffentlichen Rechts oder öffentlich-rechtlichen Verbänden von Körperschaften),
- Empfänger von Altersruhegeld aus der gesetzlichen Rentenversicherung (einschließlich flexibles und vorgezogenes Altersruhegeld). Von der Kürzung nicht betroffen sind Empfänger einer Berufsunfähigkeitsrente, Erwerbsunfähigkeitsrente oder Witwengeld,
- nicht rentenversicherungspflichtige Arbeitnehmer, die bei Trägern der Sozialversicherung beschäftigt oder als Geist-

liche der als öffentlich-rechtliche Körperschaften anerkannten Religionsgemeinschaften tätig sind,

- nicht rentenversicherungspflichtige Arbeitnehmer, denen ganz oder teilweise ohne eigene Beitragsleistung eine betriebliche Altersversorgung zugesagt wird (z.B. Vorstandsmitglieder von Aktiengesellschaften).

Die Vorsorge-Pauschale ist abzuziehen, wenn der Stpfl. nicht Vorsorgeaufwendungen nachweist, die unter Berücksichtigung der Höchstbeträge zu einem höheren Sonderausgabenabzug führen.

Bemessungsgrundlage für die Vorsorge-Pauschale ist der Bruttoarbeitslohn abzüglich des Versorgungs-Freibetrags, des Weihnachts-Freibetrags und des Altersentlastungsbetrags, soweit er 40 % des Arbeitslohns mit Ausnahme der Versorgungsbezüge nicht übersteigt. Höchbetrag dieser Bemessungsgrundlage ist der Jahresbetrag der Beitragsbemessungsgrenze in der gesetzlichen Rentenversicherung der Angestellten. Das sind für 1983 60.000,-- DM und für 1984 62.400,-- DM.

3.2.3 Versicherungsbeiträge

Nur Beiträge zu bestimmten Versicherungen sind berücksichtigungsfähig:

- Beiträge zu Kranken-, Unfall- und Haftpflichtversicherungen,
- Beiträge zu gesetzlichen Rentenversicherungen und an die Bundesanstalt für Arbeit,
- Beiträge zu den folgenden Versicherungen auf den Erlebens- oder Todesfall:
  - Risikoversicherungen, die nur für den Todesfall eine Leistung vorsehen,
  - Rentenversicherungen mit Kapitalwahlrecht gegen laufende Beitragszahlung, wenn das Kapitalwahlrecht nicht vor Ablauf von 12 Jahren seit Vertragsabschluß ausgeübt werden kann,
  - Kapitalversicherungen gegen laufende Beitragszahlung mit Sparanteil, wenn der Vertrag für die Dauer von min-

destens 12 Jahren abgeschlossen worden ist.

Sachversicherungen, z.B. Hausratversicherungen und Rechtsschutzversicherungen zählen nicht zu den Versicherungen, die abzugsfähig sind.

Beiträge zu Versicherungen kann derjenige geltend machen, der sie als Versicherungsnehmer aufgewendet hat. Es ist ohne Bedeutung, wer der Versicherte ist oder wem die Versicherungssumme oder eine andere Leistung, z. B. das Sterbegeld aus einer Sterbekasse, später zufließt.

Wird ein Kraftfahrzeug teils für betriebliche oder berufliche und teils für private Zwecke benutzt, so kann der Stpfl. den Teil seiner Aufwendungen für die Fahrzeug-Haftpflichtversicherung, der dem Anteil der privaten Nutzung entspricht, als Sonderausgaben abziehen. Werden von einem Arbeitnehmer für Fahrten zwischen Wohnung und Arbeitsstätte oder Familienheimfahrten mit eigenem Kraftfahrzeug Pauschbeträge als Werbungskosten abgezogen, so können die Aufwendungen für die Kraftfahrzeug-Haftpflichtversicherung aus Vereinfachungsgründen in voller Höhe als Sonderausgaben erfaßt werden.

Soweit Versicherungsbeiträge rückvergütet werden, z. B. bei schadensfreiem Verlauf der Haftpflichtversicherung, so können im Jahr der Rückvergütung geleistete Versicherungsbeiträge der gleichen Art nur insoweit als Sonderausgaben berücksichtigt werden, als sie die rückvergüteten Beträge übersteigen. Dividenden, überschußanteile und sonstige Vergütungen, die bei Versicherungen auf den Erlebens- oder Todesfall von dem Versicherer ausgezahlt werden, mindern ebenfalls im Jahr der Auszahlung oder Gutschrift die als Sonderausgaben abziehbaren Beiträge.

3.2.4 Bausparbeiträge

Abzugsfähig sind Beiträge an eine Bausparkasse, wenn sie zur Erlangung von Bauspardarlehen dienen.

Der Bausparer muß die Zahlungen auf Grund eines Bausparvertrages an eine Bausparkasse leisten. Es müssen unmittelbare Rechtsbeziehungen zur Bausparkasse bestehen. Das Entgelt, das bei Eintritt in einen bestehenden Vertrag einer anderen Person gezahlt wird, kann daher nicht berücksichtigt werden. Werden Zahlungen in einen gemeinschaftlichen Bausparvertrag geleistet, so kann jeder der Sparer nur die von ihm selbst geleisteten Bausparbeiträge geltend machen.

Zahlungen, die über die Pflichtbeiträge hinausgehen (freiwillige Sonderzahlungen) und auch die Abschlußgebühren können berücksichtigt werden.
Zinsen, die die Bausparkasse dem Konto gutschreibt, gelten ebenfalls als abzugsfähige Beiträge.

Der Zuteilungszeitpunkt eines Bausparvertrages hat auf den Abzug der Beiträge als Sonderausgaben keinen Einfluß.

Hat das Bausparguthaben einschließlich Wohnungsbauprämie und Zinsen die Höhe der vereinbarten Bausparsumme erreicht, so können weitere Einzahlungen keine Berücksichtigung als Sonderausgabe finden.

Wenn ein Bauspardarlehen in Anspruch genommen wurde, sind die weiteren Zahlungen an die Bausparkasse aufzuteilen in

- Tilgung des Darlehens,
- Darlehenszinsen,
- Gebühren, z. B. Zuteilungsgebühren,
- Beitrag zu einer Risikolebensversicherung.

Bis auf den Beitrag zur Risikolebensversicherung, der als Versicherungsbeitrag eine Sonderausgabe darstellt, sind die übrigen Beträge als Sonderausgabe nicht zu erfassen. Die Zinsen und Gebühren können eventuell bei den Einkünften aus Vermietung und Verpachtung oder als Betriebsausgaben zum Abzug gelangen. Aus dem jährlich von der Bausparkasse erstellten Kontoauszug ergibt sich grundsätzlich die o. g. Aufteilung.

Beiträge, die nach Ablauf von 4 Jahren seit Vertragsbeginn geleistet werden, können nur insoweit abgezogen werden, als sie das Eineinhalbfache des durchschnittlichen Jahresbetrages der in den ersten 4 Jahren geleisteten Beiträge im Veranlagungszeitraum nicht übersteigen.

Beispiel: Am 28.2.1984 ist die Frist von 4 Jahren abgelaufen. In dieser Zeit wurden 4.232,-- DM eingezahlt. Das ergibt einen Jahresdurchschnitt von 1.057,50 DM. Zahlungen an die Bausparkasse vom 1.3.1984 bis zum 31.12.1984 sind bis zum Eineinhalbfachen von 1.057,50 DM = 1.586,25 DM als Sonderausgaben erfaßbar.

Für die Bausparkassenbeiträge liegt ein Wahlrecht vor. Es kann die Berücksichtigung der Beiträge als Sonderausgaben gewählt werden oder aber die Gewährung einer Bausparprämie beantragt werden. Es ist nur möglich, zwischen den beiden genannten Fällen eine einheitliche Wahl auszuüben. Eine Verteilung auf Prämie und Sonderausgaben ist nicht möglich.

Bei Ausübung des Wahlrechtes sollten folgende Grundsätze Berücksichtigung finden:

Die Bausparprämie ist auf eine bestimmte Höhe limitiert, die vom Familienstand und den Einkünften abhängt. Wenn das zu versteuernde Einkommen eine gewisse Größenordnung übersteigt, wird keine Prämie gewährt. Diese Berechnung der Höhe einer Bausparprämie ist in Abschnitt 10.6 mit Hilfe des dort gelisteten Programms möglich. Es sollte beachtet werden, daß die Gewährung einer Prämie für 1983 von den Einkünften des Vorjahres, also von den Einkünften 1982, abhängt. Die Prämie für 1984 hängt damit von den Einkünften 1983 ab.

Der Ansatz von Bausparbeiträgen als Sonderausgaben in der Steuererklärung für 1984 beeinflußt das zu versteuernde Einkommen 1984. Die Sonderausgaben unterliegen jedoch im Bereich der Vorsorgeaufwendungen, und dazu sind die Bausparbeiträge zu rechnen, einer Höchstbetragsberechnung.

Eine Entscheidung zugunsten des Antrags auf Gewährung der Bausparprämie oder zugunsten des Sonderausgabenabzugs kann demnach nicht ohne genaue Berechnung der einzelnen Auswirkungen fallen.

3.2.5 Höchstbeträge

Der in den vorstehenden Abschnitten erläuterte Teil der Sonderausgaben, der unter dem Begriff Vorsorgeaufwand zusammengefaßt wird, unterliegt einer Höchstbetragsberechnung.

Wenn der Höchstbetrag an abzugsfähigen Aufwendungen ausgeschöpft ist, kann ein zusätzlicher Ansatz von Versicherungsbeiträgen oder Bausparbeiträgen zu keinem anderen steuerlichen Ergebnis führen.

Die Aussage, daß ein bestimmter Betrag als Vorsorgeaufwand abzugsfähig ist, sagt nichts darüber aus, ob ein tatsächlicher Ansatz auch wirklich zu einer geringeren Steuerschuld führt.

Der Höchstbetrag ist von den Einkünften, vom Familienstand und der Zahl der Kinder abhängig.

Die Berechnung des Höchstbetrages ist bei den unter Kapitel 10 aufgeführten Programmen berücksichtigt. Daher kann auf eine weitere Erläuterung der Höchstbetragsberechnung verzichtet werden.

4 Außergewöhnliche Belastung

Erwachsen einem Stpfl. zwangsläufig größere Aufwendungen als der überwiegenden Mehrzahl der Stpfl. gleicher Einkommensverhältnisse, gleicher Vermögensverhältnisse und gleichen Familienstandes (außergewöhnliche Belastung), so ist eine Steuerermäßigung möglich. Zur steuerlichen Auswirkung kommt je nach Art der Aufwendungen ein verschiedenen Höchstbeträgen und Berechnungen zu unterwerfender Betrag (bei den Programmen berücksichtigt).

4.1 Körperbehinderung

Wegen der außergewöhnlichen Belastungen, die Behinderten unmittelbar infolge ihrer Körperbehinderung erwachsen, wird auf Antrag ohne Kürzung um die zumutbare Belastung (siehe Abschnitt 4.2.6) ein Pauschbetrag abgezogen. Werden höhere Aufwendungen nachgewiesen oder glaubhaft gemacht, die unter Abzug der zumutbaren Belastung zu einer höheren Ermäßigung als der Pauschbetrag führen, so ist dieser Betrag zu berücksichtigen.

Der Pauschbetrag ist je nach Minderung der Erwerbsfähigkeit i. H. v. 600,-- DM bis 2.760,-- DM anzusetzen:

Minderung der Erwerbsfähigkeit	Freibetrag
25 % bis 34 %	600 DM
35 % bis 44 %	840 DM
45 % bis 54 %	1110 DM
55 % bis 64 %	1410 DM
65 % bis 74 %	1740 DM
75 % bis 84 %	2070 DM
85 % bis 90 %	2400 DM
91 % bis 100 %	2760 DM

Bei einer Minderung der Erwerbsfähigkeit von weniger als 25 % erfolgt keine Steuerermäßigung. Von 25 % bis 49 % ist eine Ermäßigung nur möglich, wenn

- dem Körperbehinderten wegen seiner Behinderung nach gesetzlichen Vorschriften Renten oder andere laufende Bezüge zustehen, und zwar auch dann, wenn das Recht auf die Bezüge ruht oder der Anspruch auf die Bezüge durch Zahlung eines Kapitals abgefunden worden ist, oder
- die Körperbehinderung zu einer äußerlich erkennbaren dauernden Einbuße der körperlichen Beweglichkeit geführt hat oder auf einer typischen Berufskrankheit beruht.

Beträgt die Minderung der Erwerbsfähigkeit 50 % oder mehr, so sind die o. g. Voraussetzungen unbedeutend.

Für Blinde und Körperbehinderte, die infolge der Behinderung ständig so hilflos sind, daß sie nicht ohne fremde Wartung und Pflege auskommen können, erhöht sich der Freibetrag auf 7.200,-- DM.

Die Minderung der Erwerbsfähigkeit ist durch entsprechende Bescheinigungen nachzuweisen.

Wird der Grad der Minderung im Laufe des Jahres herauf- oder herabgesetzt, so ist stets der Pauschbetrag nach dem höchsten Grad zu gewähren, der im Kalenderjahr festgestellt war.

Durch die Pauschbeträge werden die außergewöhnlichen Belastungen, die dem Behinderten laufend unmittelbar infolge der Körperbehinderung als typische Mehraufwendungen erwachsen, abgegolten. Außerordentliche Krankheitskosten, die durch einen akuten Anlaß verursacht werden, können z. B. zusätzlich berücksichtigt werden.

Bei Körperbehinderten, die in ihrer Erwerbsfähigkeit um mindestens 80 % gemindert sind, können auch Kraftfahrzeugkosten, soweit sie nicht Betriebsausgaben oder Werbungskosten sind, in angemessenem Rahmen als außergewöhnliche Belastungen, unter Berücksichtigung der zumutbaren Belastung, neben dem Pauschbetrag für Körperbehinderung angesetzt werden. Das gleiche gilt bei Körperbehinderten, die in ihrer Erwerbsfähigkeit um mindestens 70 %, aber weniger als 80 % gemindert sind und bei denen darüber hinaus eine erhebliche Beeinträchtigung der Beweglichkeit im Straßenverkehr (Geh- und Stehbehinderung) vorliegt.

Angemessen im o. g. Sinne kann im allgemeinen ein nachgewiesener oder glaubhaft gemachter Aufwand für Privatfahrten von insgesamt 3.000 km jährlich angesehen werden. Dabei kann ein km-Kostensatz von 0,42 DM zugrunde gelegt werden. Das ergibt 3.000 km x 0,42 DM = 1.260,-- DM berücksichtigungsfähigen Aufwand.
Personen, denen laufende Hinterbliebenenbezüge bewilligt worden sind, erhalten auf Antrag einen Pauschbetrag von 720,-- DM.

4.1.1 Freibetrag für eine Haushaltshilfe / Hausgehilfin

Aufwendungen für eine Haushaltshilfe oder Hausgehilfin können berücksichtigt werden, wenn

- der Stpfl. oder sein Ehegatte mindestens 60 Jahre alt waren,
- eine zum Haushalt des Stpfl. gehörende Person, die auch von ihm unterhalten wird, schwer körperbehindert oder krank war.

Für jeden angefangenen Monat in dem die Voraussetzungen gegeben sind, werden bis zu 100,-- DM der Kosten angesetzt.

4.1.2 Heim- und Pflegeunterbringung

Waren der Stpfl. oder sein Ehegatte in einem Altenheim, Pflegeheim oder ähnlichem untergebracht, so kann ein Freibetrag von monatlich 100,-- DM beantragt werden, wenn

- in den Heimkosten auch Kosten für Zimmerreinigung, Wäsche, Essenzubereitung enthalten sind und
- der Stpfl. oder sein Ehegatte das 60. Lebensjahr vollendet

hatten oder einer von beiden krank, vorübergehend körperlich hilflos oder schwer körperbehindert war.

Für den gleichen Zeitraum ist entweder

- der Freibetrag für eine Haushaltshilfe oder Hausgehilfin oder
- der Freibetrag für Heim- oder Pflegeunterbringung

steuerlich berücksichtigungsfähig.

4.1.3 Unterhaltsaufwendungen

Soweit eine Unterstützung bedürftiger Angehöriger (Eltern, Geschwister, ...) vorliegt, können die nachgewiesenen Aufwendungen bis zu 3.600,-- DM jährlich für jede unterhaltene Person geltend gemacht werden. Diese Regelung gilt auch bei Zahlungen an den getrennt lebenden Ehegatten, wenn dieser keine Zustimmung zum Sonderausgabenabzug erteilt hat.

Auf den Höchstbetrag der Unterhaltsleistungen von 3.600,-- DM werden die eigenen Einkünfte und Bezüge der unterhaltenen Person angerechnet, jedoch nur, soweit sie 4.200,-- DM jährlich übersteigen.

Zu den anrechenbaren Bezügen gehören alle Einnahmen, die zur Bestreitung des Lebensunterhalts bestimmt oder geeignet sind. Von den Bezügen werden die damit zusammenhängenden Aufwendungen, mindestens aber ein Pauschbetrag von 360,-- DM, abgezogen.

Die Jahresbeträge ermäßigen sich um 1/12 für jeden vollen Monat, in dem die Voraussetzungen nicht vorgelegen haben.

Aufwendungen für die Unterstützung von Kindern können nur dann anerkannt werden, wenn weder Sie, noch eine andere Person, Kindergeld oder vergleichbare Leistungen für diese Kinder erhalten.

Wird Unterhalt für ein Kind gezahlt, das dem Stpfl. nicht zugeordnet wird, so kann auf Antrag ein Freibetrag von jährlich 600,-- DM angesetzt werden.

Erhalten Verwandte oder sonstige Angehörige in der DDR, Berlin (Ost) oder in den ost- oder südosteuropäischen Vertreibungsgebieten Unterhaltsleistungen, so sind diese Beträge unabhängig vom Einkommen der unterstützten Person ansetzbar.

Wird die Unterstützung in Form von Paketen oder Päckchen geleistet, erkennt das Finanzamt folgende Beträge an:

- für jedes Paket 40,-- DM und
- für jedes Päckchen 30,-- DM.

Paketabschnitte oder abgestempelte Bescheinigungen der Post (bei Päckchen) sind als Nachweis erforderlich.

Lagen höhere Aufwendungen vor, so werden auch diese anerkannt, wenn sie nachgewiesen werden können.

Je Besucher und Besuchstag von Angehörigen aus der DDR oder Berlin (Ost) wird mit 10,-- DM steuerlich berücksichtigt.

4.1.4 Ausbildungsfreibetrag

In bestimmten Fällen werden auch Ausbildungskosten für Kinder berücksichtigt. Das gilt nur dann, wenn der Stpfl. für das Kind Anspruch auf Kindergeld oder vergleichbare Leistungen hat.

Soweit die Ausbildung belegt ist, kommt es auf die Höhe der Ausbildungskosten nicht an.

Es gibt folgende Freibeträge:

bis 1983	Kinder unter 18	Kinder über 18
auswärts untergebracht	1.800,-- DM	4.200,-- DM
in allen anderen Fällen	kein Freibetrag	2.400,-- DM

ab 1984	Kinder unter 18	Kinder über 18
auswärts untergebracht	900,-- DM	2.100,-- DM
in allen anderen Fällen	kein Freibetrag	1.200,-- DM

Eigene Einkünfte und Bezüge des Kindes im Jahre 1983 bzw. 1984, die insgesamt 2.400,-- DM übersteigen, werden von dem Ausbildungsfreibetrag abgezogen. Ist das Kind verheiratet, werden auch Unterhaltsleistungen seines Ehegatten angerechnet.

Außerdem mindert sich der Ausbildungsfreibetrag stets um Ausbildungshilfen aus öffentlichen Mitteln, z. B. um Zuschüsse nach dem Bundesausbildungsförderungsgesetz (BAföG) oder um Zuschüsse von Förderungseinrichtungen, die hierfür öffentliche Mittel erhalten.

Ausbildungsfreibeträge für im Ausland lebende Kinder werden gegebenenfalls gekürzt.

Eine Kürzung um 1/3 oder 2/3 ist, je nachdem in welchem Land das Kind ausgebildet wird, üblich. Die Ländergruppeneinteilung knüpft an das Verhältnis der Durchnittslöhne im ausländischen Staat an.

Höchstbetrag für Unterhaltsleistungen	Anrechnungsfreier Betrag	Land
3.600 DM	4.200 DM	Dänemark, Großbritannien, Italien, Niederlande, österreich, Spanien
2.400 DM	2.800 DM	Griechenland, Jugoslawien, Korea, Türkei
1.200 DM	1.400 DM	Indien, Irak, Iran, Marokko, Pakistan, Vietnam

Für jeden vollen Monat, in dem eine der Voraussetzungen nicht vorgelegen hat, ermäßigt sich der Ausbildungsfreibetrag um 1/12.

4.1.5 zumutbare Belastung

Die dem Grunde nach abzugsfähigen Aufwendungen sind in der Höhe steuerlich absetzbar, in der sie die zumutbare Belastung übersteigen.

Berechnungsgrundlage für die zumutbare Belastung ist der Gesamtbetrag der Einkünfte.

bei einem Gesamtbetrag der Einkünfte	bis 30.000 DM	30.001 bis 100.000 DM	über 100.000 DM
Stpfl. ohne Kinder			
mit Grundtabelle	5	6	7
mit Splittingtabelle	4	5	6
Stpfl. mit Kindern			
1 oder 2 Kinder	2	3	4
3 oder mehr Kinder	1	1	2

vom Hundert des Gesamtbetrags der Einkünfte

Außergewöhnliche Belastungen, von denen die zumutbare Belastung abzuziehen ist, sind zum Beispiel folgende Aufwendungen:

- Beerdigungskosten
  für Angehörige, soweit sie den Nachlaß und etwaige Versicherungsleistungen übersteigen. Es können aber nur Kosten berücksichtigt werden, die mit der Beerdigung unmittelbar zusammenhängen (z. B. Kauf einer Grabstätte, Kosten für einen Sarg, Blumen, Kränze, Todesanzeigen). Die Kosten für die Trauerkleidung und die Bewirtung der Trauergäste werden nicht anerkannt.
- Ehescheidungskosten
  zu denen Gerichts- und Anwaltskosten gehören, nicht jedoch Unterhaltszahlungen und der Vermögensausgleich.
- Kraftfahrzeugkosten
  für Privatfahrten von Körperbehinderten, die mindestens zu 80 % erwerbsgemindert sind, oder von Körperbehinderten, deren Erwerbsminderung mindestens 70 % beträgt und die zugleich geh- und stehbehindert sind. Für 1983 und 1984 werden ohne Nachweis der Kosten im allgemeinen 1.260,-- DM anerkannt. Eine höhere Fahrleistung für Privatfahrten kann nur berücksichtigt werden, wenn nachgewiesen wird, daß die Fahrten durch die Behinderung verursacht sind. Bei Gehbehinderten, die sich außerhalb des Hauses nur mit Hilfe eines Kraftfahrzeuges bewegen können, werden im allgemeinen alle Privatfahrten anerkannt. Im übrigen können statt des Kilometersatzes von 0,42 DM auch höhere nachgewiesene Kraftfahrzeugkosten berücksichtigt werden.
- Krankheitskosten
  soweit sie nicht von dritter Seite, z. B. einer Krankenkasse, ersetzt worden sind oder noch ersetzt werden.
- Kurkosten
  wenn die Notwendigkeit der Kur durch Vorlage eines amtsärztlichen Zeugnisses nachgewiesen wird, sofern dies nicht schon aus anderen Unterlagen (z. B. bei Pflichtversicherten aus einer Bescheinigung der Versicherungsanstalt) offensichtlich ist. Die amtsärztliche Bescheinigung muß vor Kurbeginn ausgestellt worden sein.
- Wiederbeschaffungskosten
  für Hausrat und Kleidung, die durch ein unabwendbares Ereignis wie Brand, Hochwasser, Spätaussiedlung usw. verloren wurden.

5 Freibeträge

Nach Abzug der erläuterten Beträge (Sonderausgaben, außergewöhnliche Belastung) sind noch verschiedene Freibeträge abzuziehen, um zu dem Betrag zu gelangen, der zu versteuern ist.

5.1 Altersfreibetrag

Ein Altersfreibetrag i. H. v. 720,-- DM wird dem Stpfl. gewährt, der vor dem Beginn des Jahres das 64. Lebensjahr vollendet hat. Dieser Freibetrag ist unabhängig von der Art oder Höhe der Einkünfte. Der Betrag ist bei zusammenzuveranlagenden Ehegatten jedem Ehegatten zu gewähren, der die Altersgrenze erreicht hat.

Für den Veranlagungszeitraum 1983 muß das Geburtsdatum demnach vor dem 2.1.1919 (für 1984 vor dem 2.1.1920) liegen, um den Altersfreibetrag berücksichtigen zu können.

5.2 Haushaltsfreibetrag

Der Haushaltsfreibetrag ist ab 1983 i. H. v. 4.212,-- DM zu berücksichtigen, wenn

- der LStJA oder die ESt-Veranlagung für einen Alleinstehenden mit mindestens einem Kind durchgeführt wird,
- die Steuer nach der Grundtabelle berechnet wird und
- keine getrennte Veranlagung vorliegt.

5.3 Kinderfreibetrag

Ab 1983 wird ein Kinderfreibetrag i. H. v. 432,-- DM für jedes zu berücksichtigende Kind angesetzt. Dieser Kinderfreibetrag wird von Amts wegen gewährt.

Kinder im Sinne des § 32 EStG sind:

(4) .....

1. Kinder, die im ersten Grade mit dem Stpfl. verwandt sind,
2. Pflegekinder
3. Stiefkinder, die der Stpfl. in seinen Haushalt aufgenommen hat, solange die Ehe besteht, durch die das Stiefkindschaftsverhältnis begründet worden ist.

Ein Kind eines unbeschränkt einkommensteuerpflichtigen Elternpaares, bei dem die Voraussetzungen des § 26 Abs. 1 Satz 1 nicht vorliegen (also keine Zusammenveranlagung), wird dem Elternteil zugeordnet, in dessen Wohnung es erstmals im Kalenderjahr mit Hauptwohnung gemeldet war. War das Kind nicht in einer Wohnung eines Elternteils oder war es in einer gemeinsamen Wohnung der Eltern mit Hauptwohnung gemeldet, so wird es der Mutter zugeordnet; es wird dem Vater zugeordnet, wenn dieser durch eine Bescheinigung der zuständigen Behörde nachweist, daß es zu seinem Haushalt gehört hat.

(5) Ein Kind wird in dem Veranlagungszeitraum, in dem es lebend geboren wurde, und in jedem folgenden Veranlagungszeitraum, zu dessen Beginn es das 16. Lebensjahr noch nicht vollendet hat, berücksichtigt.

(6) Ein Kind, das zu Beginn des Veranlagungszeitraums das 16. Lebensjahr, aber noch nicht das 27. Lebensjahr vollendet hat, wird berücksichtigt, wenn es

1. für einen Beruf ausgebildet wird oder

1a. bei der Berufsberatung des Arbeitsamtes als Bewerber um eine berufliche Ausbildungsstelle gemeldet ist oder nach Beratung durch die Berufsberatung der Arbeitsvermittlung zur Verfügung steht und auch die übrigen Voraussetzungen des § 2 Abs. 4 des Bundeskindergeldgesetzes für die Gewährung von Kindergeld vorliegen oder

2. den gesetzlichen Grundwehrdienst oder Zivildienst leistet oder

3. freiwillig für eine Dauer von nicht mehr als drei Jahren Wehr- oder Polizeivollzugsdienst leistet, der an Stelle des gesetzlichen Grundwehrdienstes oder Zivildienstes abgeleistet wird, oder

4. eine vom gesetzlichen Grundwehrdienst oder Zivil-

dienst befreiende Tätigkeit als Entwicklungshelfer im Sinne des § 1 Abs. 1 des Entwicklungshelfer-Gesetzes ausübt oder

5. ein freiwilliges soziales Jahr im Sinne des Gesetzes zur Förderung eines freiwilligen sozialen Jahres leistet oder

6. wegen körperlicher, geistiger oder seelischer Behinderung außerstande ist, sich selbst zu unterhalten, und deswegen Anspruch auf Kindergeld nach dem Bundeskindergeldgesetz oder auf andere Leistungen für Kinder (§ 8 Abs. 1 Bundeskindergeldgesetz) besteht.

In den Fällen der Nummern 2 bis 4 ist Voraussetzung, daß durch die Aufnahme des Dienstes oder der Tätigkeit eine Berufsausbildung unterbrochen worden ist.

(7) Ein Kind, das zu Beginn des Veranlagungszeitraumes das 27. Lebensjahr vollendet hat, wird berücksichtigt, wenn es wegen körperlicher, geistiger oder seelischer Behinderung außerstande ist, sich selbst zu unterhalten, und deswegen Anspruch auf Kindergeld nach dem Bundeskindergeldgesetz oder auf andere Leistungen für Kinder (§ 8 Abs. 1 des Bundeskindergeldgesetzes) besteht.

(8) Für jedes Kind des Steuerpflichtigen im Sinne der Absätze 4 bis 7 wird ein Kinderfreibetrag von 432 Deutsche Mark gewährt. Für jedes Kind des Steuerpflichtigen im Sinne des Absatzes 4 Satz 1, der Absätze 5 bis 7, das nach Absatz 4 Sätze 2 und 3 dem anderen Elternteil zugeordnet wird und demgegenüber der Steuerpflichtige seiner Unterhaltsverpflichtung für den Veranlagungszeitraum nachkommt, wird ein Kinderfreibetrag von 216 Deutsche Mark gewährt. Werden Ehegatten nach den §§ 26, 26 a getrennt veranlagt, so erhält jeder Ehegatte den Kinderfreibetrag zur Hälfte, soweit nicht ein Kinderfreibetrag nur einem der Ehegatten zu gewähren ist.

In den folgenden Programmen erfolgt eine Unterscheidung der vorstehend erläuterten Kinderfreibeträge mit den Begriffen

- Kinderzahl = voller Kinderfreibetrag
- Zahlkinder = halber Kinderfreibetrag

6 Progressionsvorbehalt

Der Progressionsvorbehalt ist im § 32 b EStG geregelt:

(1) Hat ein unbeschränkt Steuerpflichtiger
1. Arbeitslosengeld, Kurzarbeitergeld, Schlechtwettergeld, Arbeitslosenhilfe oder
2. ausländische Einkünfte, die nach einem Abkommen zur Vermeidung der Doppelbesteuerung steuerfrei sind,

bezogen, so ist auf das nach § 32 a Abs. 1 zu versteuernde Einkommen ein besonderer Steuersatz anzuwenden.

(2) Der besondere Steuersatz nach Absatz 1 ist der Steuersatz, der sich ergibt, wenn bei der Berechnung der Einkommensteuer einbezogen werden:
1. im Fall des Absatzes 1 Nr. 1 die Beträge, die nach Abzug der bei Arbeitnehmern gewöhnlich anfallenden gesetzlichen Abzüge im Sinne des § 111 des Arbeitsförderungsgesetzes die ausgezahlten Leistungen ergeben;
2. im Fall des Absatzes 1 Nr. 2 die ausländischen Einkünfte, ausgenommen die darin enthaltenen außerordentlichen Einkünfte.

Die nach Nummer 1 ermittelte Summe ist um die Freibeträge nach § 19 Abs. 3 und 4 und den Werbungskosten-Pauschbetrag nach § 9 a Nr. 1 zu kürzen, soweit sie nicht bei der Ermittlung der Einkünfte aus nichtselbständiger Arbeit berücksichtigt worden sind.

Nach § 32 b EStG sind nur ganz bestimmte steuerfreie Lohnersatzleistungen zu berücksichtigen. Andere Beträge, wie Konkursausfallgeld oder Mutterschaftsgeld, fallen nicht unter diese Vorschrift.

Die zu erfassenden Zahlungen sind mit ihren Bruttobeträgen dem Progressionsvorbehalt zu unterwerfen. Erfaßt werden demnach die Beträge, die nach Abzug der bei Arbeitnehmern gewöhnlich anfallenden gesetzlichen Abzüge im Sinne des § 111 AFG die ausgezahlten Leistungen ergeben. Somit wird ein fiktiver Arbeitslohn erfaßt. Die ausgezahlten Beträge werden um die Abzüge LSt, KiSt, Sozialversicherungsbeiträge fiktiv erhöht. Es wird jährlich eine Tabelle der anzusetzenden Bruttobeträge veröffentlicht. Darin sind die gesetzlichen Abzüge pauschal erfaßt.

Auszüge aus der Tabelle der maßgeblichen Bruttowerte für 1983:

Tabelle zum Arbeitslosengeld

A		B		C	
Leistungs-betrag ab	Brutto-betrag	Leistungs-betrag ab	Brutto-betrag	Leistungs-betrag ab	Brutto-betrag
......					
118,20	146,03	129,--	155,82	132,--	159,68
120,60	150,29	131,40	159,08	134,40	162,08
122,40	152,09	133,80	161,48	136,80	165,35
124,80	156,36	135,60	164,15	138,60	167,15
127,20	160,60	138,--	166,55	141,--	170,41
......					

Tabelle zum Arbeitslosengeld

D		E	
Leistungs-betrag ab	Brutto-betrag	Leistungs-betrag ab	Brutto-betrag
......			
97,80	156,53	94,20	159,80
99,60	160,46	96,60	162,20
101,40	162,26	98,40	165,88
103,80	166,53	100,20	169,75
105,60	170,41	102,60	172,15
......			

Bei den vorstehenden Tabellen handelt es sich um wöchentliche Werte, da das Arbeitslosengeld grundsätzlich wöchentlich gezahlt wird.

Die Buchstaben der überschriften A B C D E weisen auf die einzelnen Leistungsgruppen bzw. Steuerklassen hin:

A: nicht verheiratete Arbeitnehmer ohne Kinder (außer Steuerklasse VI),
verheiratete Arbeitnehmer mit Steuerklasse IV,
B: nicht verheiratete Arbeitnehmer mit mindestens einem Kind (außer Steuerklasse VI),
verheiratete Arbeitnehmer mit Steuerklasse I,
verheiratete Arbeitnehmer mit Steuerklasse II,
C: verheiratete Arbeitnehmer mit Steuerklasse III,
D: verheiratete Arbeitnehmer mit Steuerklasse V,
E: Arbeitnehmer mit Steuerklasse VI.

Tabelle zum Kurzarbeitergeld/Schlechettergeld

A		B		C	
Leistungs-betrag ab	Brutto-betrag	Leistungs-betrag ab	Brutto-betrag	Leistungs-betrag ab	Brutto-betrag
......					
8,49	12,67	9,12	12,92	10,01	14,02
8,52	12,75	9,15	12,99	10,05	14,12
8,57	12,79	9,20	13,03	10,11	14,18
8,60	12,88	9,23	13,12	10,17	14,28
8,63	12,91	9,27	13,16	10,23	14,40
......					

Tabelle zum Kurzarbeitergeld/Schlechtwettergeld

D		E	
Leistungs-betrag ab	Brutto-betrag	Leistungs-betrag ab	Brutto-betrag
......			
5,27	8,81	5,03	8,68
5,27	8,81	5,03	8,68
5,30	8,90	5,06	8,78
5,31	8,91	5,07	8,80
5,33	8,93	5,09	8,88
......			

Die Werte der Tabellen zum Kurzarbeiter- und Schlechtwettergeld sind Leistungsbeträge, die sich auf eine Stunde beziehen, da diese Beträge auch stundenweise abgerechnet werden.

Beispiel: Bruttoarbeitslohn 25.000 DM
Kurzarbeitergeld (75 Stunden zu je 10.10 DM)
Das Kurzarbeitergeld je Stunde i. H. v. 10,10 DM ergibt laut vorstehender Tabellen einen Bruttowert von 14,12 DM je Stunde. Für 75 Stunden ergeben sich damit 75 x 14,12 DM = 1.059,-- DM.
Der Bruttoarbeitslohn würde bei einem Ledigen zu einem zu versteuernden Einkommen i. H. v. 20.008,-- DM (abgerundet 19.980,-- DM) und zu einer Steuer i. H. v. 3.496,-- DM führen. Das wäre ein Steuersatz von 17,50 %.
Durch den zu berücksichtigenden Progressionsvorbehalt wird das zu versteuernde Einkommen um das "Brutto"Kurzarbeitergeld i. H. v. 1.059,-- DM erhöht. Die Versteuerung der Summe 20.008,-- DM + 1.059,-- DM = 21.067,-- DM (abgerundet 21.060,-- DM) würde zu einer Steuer von 3.770,-- DM führen. Hier wird fiktiv beim Tabelleneingangsbetrag abgelesen. Dies wäre dann ein Steuersatz von 17,90 %.
Zur Besteuerung des Arbeitslohns wird nunmehr der ermittelte Steuersatz von 17,90 % herangezogen. Die Steuer ist damit festzusetzen auf 17,90 % von 19.980,-- DM = 3.576,-- DM.
ESt oder LSt
ohne Progressionsvorbehalt = 3.496,-- DM
mit Progressionsvorbehalt = 3.576,-- DM
Durch die Berücksichtigung des Progressionsvorbehaltes ergibt sich also eine Erhöhung der zu zahlenden ESt oder LSt i. H. v. 80,-- DM.

7 Berechnung der Einkommen- und Kirchensteuer

Zur Berechnung der ESt und KiSt ist zunächst das zu versteuernde Einkommen zu ermitteln.

Die Berechnungen sind in folgender Reihenfolge durchzuführen:

```
  Einkünfte aus Land- und Forstwirtschaft
+ Einkünfte aus Gewerbebetrieb
+ Einkünfte aus selbständiger Arbeit
+ Einkünfte aus nichtselbständiger Arbeit
+ Einkünfte aus Kapitalvermögen
+ Einkünfte aus Vermietung und Verpachtung
+ sonstige Einkünfte
-----------------------------------------------------------
= Summe der Einkünfte aus den Einkunftsarten
- Altersentlastungsbetrag
- Freibetrag für Land- und Forstwirte
-----------------------------------------------------------
= Gesamtbetrag der Einkünfte
- Sonderausgaben
- Freibetrag für freie Berufe
- außergewöhnliche Belastung
-----------------------------------------------------------
= Einkommen
- Altersfreibetrag
- Haushaltsfreibetrag
- Kinderfreibetrag
- Härteausgleich
-----------------------------------------------------------
= zu versteuerndes Einkommen
```

Dieses ermittelte 'zu versteuernde Einkommen' ist der Besteuerung zu unterwerfen.

Die Steuer kann sowohl durch Ablesen der Tabelle im Anhang zum EStG, als auch nach der Berechnungsformel des § 32 a EStG ermittelt werden.

§ 32 a EStG

(1) Die tarifliche Einkommensteuer bemißt sich nach dem zu versteuernden Einkommen. Sie beträgt vorbehaltlich der

§§ 32 b, 34 und 34 b jeweils in Deutsche Mark

1. für zu versteuernde Einkommen bis 4212 Deutsche Mark (Grundfreibetrag): 0;
2. für zu versteuernde Einkommen von 4213 Deutsche Mark bis 18000 Deutsche Mark: 0,22 X - 926;
3. für zu versteuernde Einkommen von 18001 Deutsche Mark bis 59999 Deutsche Mark: (((3,05 Y - 73,76) Y + 695) Y + 2200) Y + 3034;
4. für zu versteuernde Einkommen von 60000 Deutsche Mark bis 129999 Deutsche Mark: (((0,09 Z - 5,45) Z + 88,13) Z + 5040) Z + 20018;
5. für zu versteuernde Einkommen von 130000 Deutsche Mark an: 0,56 X - 14837.

   "X" ist das abgerundete zu versteuernde Einkommen.
   "Y" ist ein Zehntausendstel des 18000 Deutsche Mark übersteigenden Teils des abgerundeten zu versteuernden Einkommens.
   "Z" ist ein Zehntausendstel des 60000 Deutsche Mark übersteigenden Teils des abgerundeten zu versteuernden Einkommens.

(2) Das zu versteuernde Einkommen ist auf den nächsten durch 54 ohne Rest teilbaren vollen Deutsche-Mark-Betrag abzurunden, wenn es nicht bereits durch 54 ohne Rest teilbar ist.

(3) Die zur Berechnung der tariflichen Einkommensteuer erforderlichen Rechenschritte sind in der Reihenfolge auszuführen, die sich nach dem Horner-Schema ergibt. Dabei sind die sich aus den Multiplikationen ergebenden Zwischenergebnisse für jeden weiteren Rechenschritt mit drei Dezimalstellen anzusetzen; die nachfolgenden Dezimalstellen sind fortzulassen. Der sich ergebende Steuerbetrag ist auf den nächsten vollen Deutsche-Mark-Betrag abzurunden.

(4) .....

(5) Bei Ehegatten, die nach den §§ 26, 26 b zusammen zur Einkommensteuer veranlagt werden, beträgt die tarifliche Einkommensteuer vorbehaltlich der §§ 32 b, 34 und 34 b das Zweifache des Steuerbetrags, der sich für die Hälfte ihres gemeinsam zu versteuernden Einkommens nach den

Absätzen 1 bis 3 ergibt (Splitting-Verfahren). .....

(6) Das Verfahren nach Absatz 5 ist auch anzuwenden zur Berechnung der tariflichen Einkommensteuer für das zu versteuernde Einkommen

1. bei einem verwitweten Steuerpflichtigen für den Veranlagungszeitraum, der dem Kalenderjahr folgt, in dem der Ehegatte verstorben ist, wenn der Steuerpflichtige und sein verstorbener Ehegatte im Zeitpunkt seines Todes die Voraussetzungen des § 26 Abs. 1 Satz 1 erfüllt haben,
2. bei einem Steuerpflichtigen, dessen Ehe in dem Kalenderjahr, in dem er sein Einkommen bezogen hat, durch Tod, Scheidung, oder Aufhebung aufgelöst worden ist, wenn in diesem Kalenderjahr
   a) der Steuerpflichtige und sein bisheriger Ehegatte die Voraussetzungen des § 26 Abs. 1 Satz 1 erfüllt haben,
   b) der bisherige Ehegatte wieder geheiratet hat und
   c) der bisherige Ehegatte und dessen neuer Ehegatte ebenfalls die Voraussetzungen des § 26 Abs. 1 Satz 1 erfüllen.

Voraussetzung ist, daß der Steuerpflichtige nicht nach den §§ 26, 26 a getrennt zur Einkommensteuer veranlagt wird.

Im Anhang 1 ist das Flußdiagramm zur Steuerberechnung abgedruckt. Das Flußdiagramm ist im Bundessteuerblatt 1982, Teil I, Seite 926 veröffentlicht worden. Die einzelnen Werte ergeben sich aus den Formeln des § 32 a EStG.

Es ist insbesondere darauf zu achten, daß die zutreffende Stellenzahl der einzelnen Zwischenwerte berücksichtigt wird (Horner - Schema).

Die steuerliche Belastung nach der Grund- und Splittingtabelle ist auf den folgenden Seiten als Schaubild dargestellt.

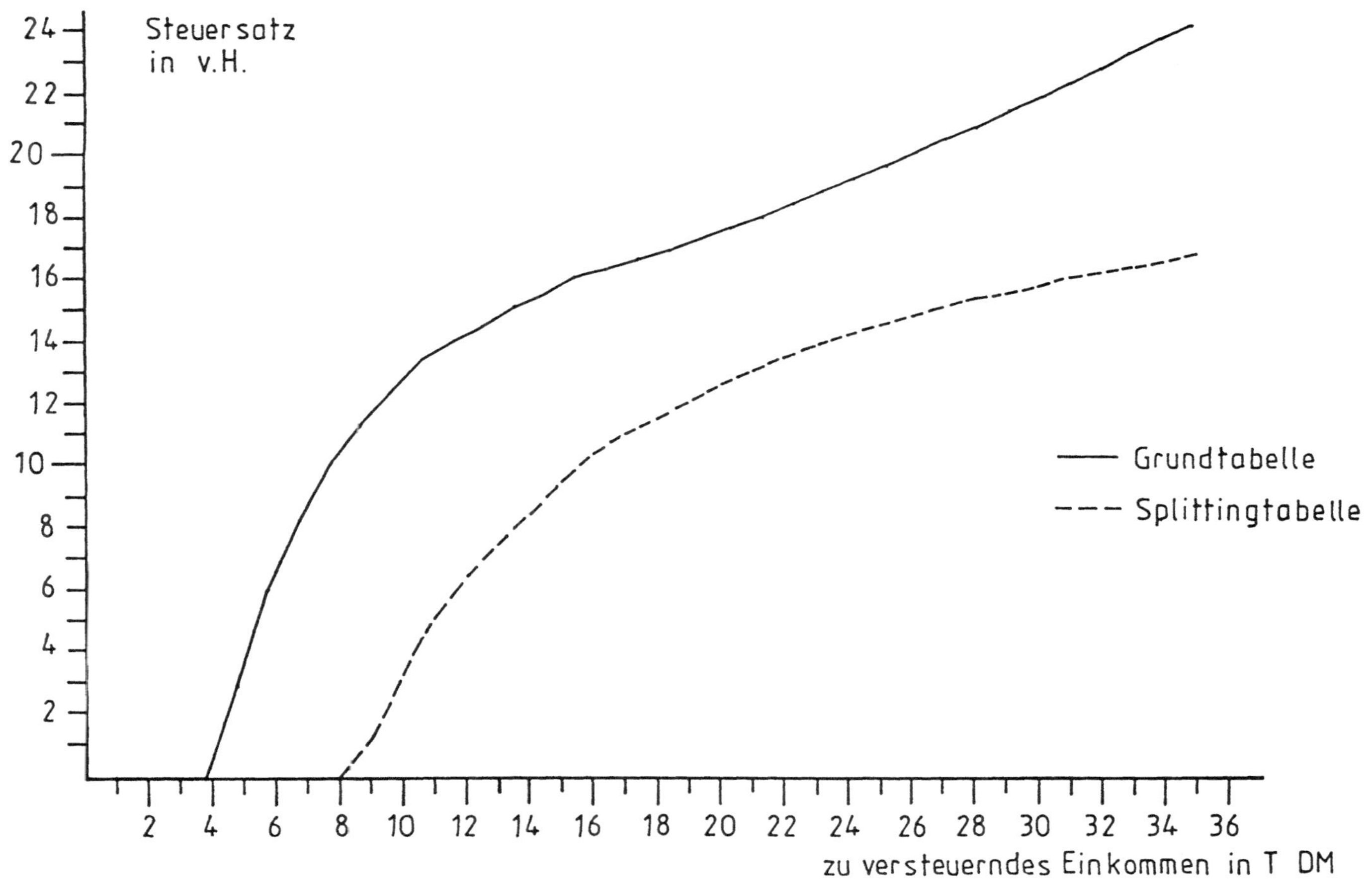
Steuersatz in v.H.
24
22
20
18
16
14
12
10
8
6
4
2
Grundtabelle
Splittingtabelle
2 4 6 8 10 12 14 16 18 20 22 24 26 28 30 32 34 36
zu versteuerndes Einkommen in T DM

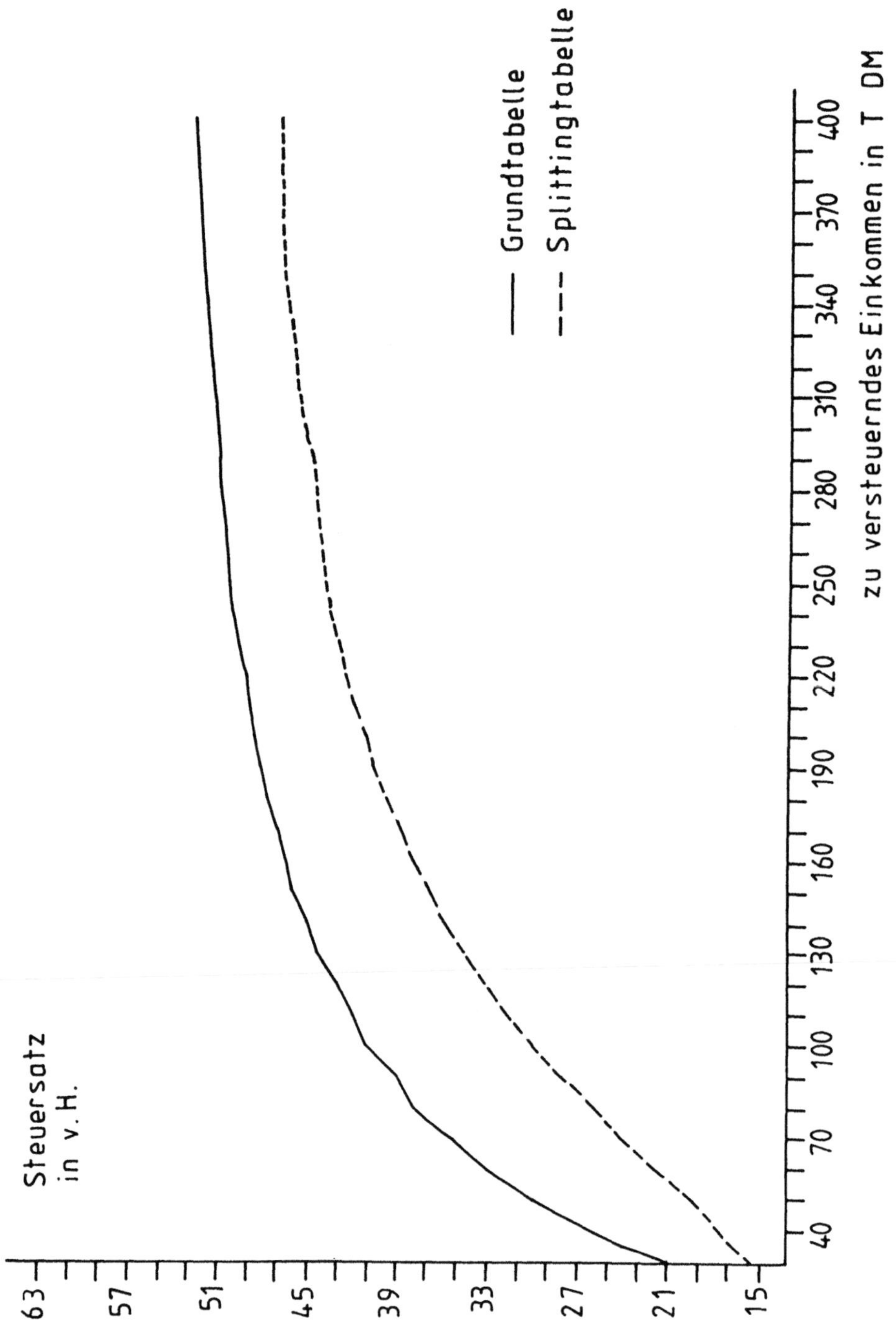

Steuersatz
in v. H.
63
57
51
45
39
33
27
21
15
40
70
100
130
160
190
220
250
280
310
340
370
400
zu versteuerndes Einkommen in T DM
Grundtabelle
Splittingtabelle

Aus den Schaubildern ist zu erkennen, daß der höchste Steuersatz (= 56 %) bei einem zu versteuernden Einkommen von 400.000 DM noch nicht ereicht ist. Der Steuersatz steigt ab 400.000 DM nur noch sehr langsam:

zu versteuerndes Einkommen	Grund-tabelle	Splitting-tabelle
400.000 DM	52,3 %	48,6 %
500.000 DM	53,0 %	50.1 %
600.000 DM	53,5 %	51,0 %
700.000 DM	53,9 %	51,8 %
800.000 DM	54,1 %	52,3 %
900.000 DM	54,3 %	52,7 %
1.000.000 DM	54,5 %	53,0 %

Weiterhin ist an dieser Stelle ein Hinweis auf die "Genauigkeit" der Variablen im Berechnungsprogramm angebracht. Beim EPSON HX-20 mit seiner Programmiersprache in MBASIC wurden die zur Berechnung verwandten Variablen programmgesteuert durch den Befehl DEF DBL doppelt genau definiert.

Bei der Berechnung der Kirchensteuer ist die Vorschrift des § 51 a EStG zubeachten:

§ 51 a EStG

'Für Steuern, die nach der veranlagten Einkommensteuer oder nach der Lohnsteuer bemessen werden, gilt als Maßstabsteuer die festgesetzte Einkommensteuer oder die Jahreslohnsteuer nach Abzug von

600 Deutsche Mark für das erste Kind
960 Deutsche Mark für das zweite Kind und
1800 Deutsche Mark für jedes weitere Kind

des Steuerpflichtigen (§ 32 Abs. 4 bis 7). Bei Ehegatten, die nach den §§ 26, 26 a getrennt veranlagt werden oder bei denen die Lohnsteuer nach der Steuerklasse IV erhoben wird, wird der Abzugsbetrag nach Satz 1 bei jedem Ehegatten je zur Hälfte berücksichtigt.

Grundsätzlich erhält der Stpfl. einen Abzugsbetrag nach § 51 a EStG, wenn ein Kindschaftsverhältnis (mit einem "zu berücksichtigenden Kind") vorliegt. Diese Voraussetzung kann gleichzeitig bei mehreren Stpfl. für dasselbe Kind gegeben sein. Ein mehrfacher Ansatz eines Abzugsbetrages kommt unter Umständen bei Pfege- oder Adoptivkindern zum Zuge.

In den folgenden Fällen ist der mehrfache Ansatz des Abzugsbetrages ausgeschlossen:

- bei der ESt-Zusammenveranlagung bzw. beim gemeinsamen LStJA.
- bei nicht verheirateten, geschiedenen oder getrennt lebenden Eltern (also ohne Zusammenveranlagung). Es wird nach der vorstehenden "Zuordnungsregel" der Abzugsbetrag einem Elternteil zugewiesen.

In den einzelnen Bundesländern liegen verschiedene Kirchensteuersätze vor:

8 % *)	9 %
Baden-Württemberg	Berlin
Bayern	Hessen
Bremen	Niedersachsen
Hamburg	Nordrhein-Westfalen
	Rheinland-Pfalz
	Saarland
	Schleswig-Holstein

*) Zur Anwendung der Programme in den genannten Bundesländern sind diese abzuändern. Vgl. hierzu die Programmbeschreibungen.

8 Berechnung der Erstattung bzw. Nachzahlung

Die sich aus der Grund- bzw. Splittingtabelle, gegebenenfalls unter Berücksichtigung des Progressionsvorbehaltes, ergebende Steuer wird als tarifliche ESt bezeichnet.

Auf diesen Steuerbetrag sind verschiedene Beträge anzurechnen:

- Lohnsteuer (laut Lohnsteuerkarte),
- Kapitalertragsteuer (siehe Abschnitt 2.2) und
- anrechenbare Körperschaftsteuer (siehe Abschnitt 2.2).

Nachdem diese sogenannten Anrechnungsbeträge die ESt gemindert haben, ist in Fällen der ESt-Veranlagung unter Umständen noch eine Kürzung der ESt um die geleisteten Vorauszahlungen vorzunehmen.

Die KiSt-Sätze i. H. v. 8 % bzw. 9 % beziehen sich auf die tarifliche ESt, die um die Abzugsbeträge für Kinder gemindert wurde. Die Anrechnungsbeträge (z. B. Körperschaftsteuer) haben also keine Auswirkung auf die Festsetzung der KiSt.

Jedoch ist nach Berechnung und Festsetzung der KiSt auch hier eine Minderung vorzunehmen um

- die Kirchensteuer, die vom Arbeitgeber wie die Lohnsteuer einbehalten wurde und
- die im Rahmen der ESt-Vorauszahlungen ebenfalls geleisteten KiSt-Vorauszahlungen.

9 Arbeitnehmersparzulage

Für vermögenswirksame Leistungen werden je nach Anlageart Arbeitnehmer-Sparzulagen in unterschiedlicher Höhe gewährt. Der Zulagensatz beträgt 16 bzw. 23 %; er erhöht sich auf 26 bzw. 33 %, wenn bei dem Arbeitnehmer drei oder mehr Kinder zu berücksichtigen sind. Der Arbeitgeber hat die vermögenswirksamen Leistungen und die ausgezahlten Sparzulagen getrennt nach den Zulagesätzen von 16/26 % und 23/33 % auf der LSt-Karte einzutragen.

Im Rahmen des LStJA oder der ESt-Veranlagung wird überprüft, ob die Auszahlung der Sparzulage zutreffend vorgenommen wurde.

Die Sparzulage ist nur dann zu gewähren, wenn das zu versteuernde Einkommen des Arbeitnehmers 24.000,-- DM nicht übersteigt. Bei zusammenveranlagten Ehegatten ist die Grenze auf 48.000,-- DM zu erhöhen. Eine weitere Erhöhung ist zu beachten, soweit Kinder steuerlich beim Arbeitnehmer zu berücksichtigen sind. Die Einkommensgrenze steigt für jedes zu berücksichtigende Kind um 1.800,-- DM. Für Kinder getrennt lebender oder geschiedener Ehegatten und Eltern unehelicher Kinder gilt diese Erhöhung nicht uneingeschränkt. Hier finden die Regelungen Anwendung, die auch bei Ermittlung der Wohnungsbauprämie zu beachten sind (siehe auch die folgenden zusammenfassenden Tabellen).

Sollte der Arbeitgeber eine Sparzulage ausgezahlt haben und sich beim LStJA oder der ESt-Veranlagung ergeben, daß die Auszahlung zu hoch oder zu niedrig vorgenommen wurde, so wird dies bereinigt. Die Erstattung oder Nachzahlung an LSt, ESt oder KiSt wird um die Sparzulage erhöht bzw. gemindert.

In den folgenden Tabellen sind Werte wie Einkommensgrenzen, Höchstsparleistungen, Prämienprozentsätze, Höchstprämien und Arbeitnehmer-Sparzulagen zusammengestellt.

Alleinstehende

zu berücksichtigende Kinder		zu versteuerndes Einkommen	Wohnungsbauprämie in %	Höchstsparleistung	Wohnungsbauprämie
A	0	24.000	14	800	112
	1	25.800	16	800	128
	2	27.600	18	800	144
	3	29.400	20	800	160
B	1	24.900	16	800	128
	2	25.800	18	800	144
	3	26.700	20	800	160
C	1	24.900	14	800	112
	2	25.800	14	800	112
	3	26.700	14	800	112

Fortsetzung der Tabelle für Alleinstehende:

zu berücksichtigende Kinder		Prämie für Höchstsparleistung	Sparzulage für 624 DM pro Arbeitnehmer			
			Sparvertrag		Bausparvertrag	
			in %	in DM	in %	in DM
A	0	112	16	99,90	23	143,60
	1	128	16	99,90	23	143,60
	2	144	16	99,90	23	143,60
	3	160	26	162,30	33	206,--
B	1	128	16	99,90	23	143,60
	2	144	16	99,90	23	143.60
	3	160	26	162,30	33	206,--
C	1	112	16	99,90	23	143,60
	2	112	16	99,90	23	143,60
	3	112	16	99,90	23	143,60

Die in der Spalte "zu berücksichtigende Kinder" angeführten Buchstaben - A B C - weisen auf folgende Kinderzuordnungen hin:

A gilt für Verwitwete und solche Ledige, Geschiedene und dauernd getrennt lebende Verheiratete, denen das Kind zugeordnet ist, wenn der andere Elternteil seinen Unterhaltsverpflichtungen im Kalenderjahr der Sparleistungen nicht nachkommt.

B gilt für Ledige, Geschiedene und dauernd getrennt lebende Verheiratete, denen das Kind zugeordnet ist, wenn der andere Elternteil seinen Unterhaltsverpflichtungen im Kalenderjahr der Sparleistung nachkommt.

C gilt für einen Ledigen, Geschiedenen oder dauernd getrennt lebenden Verheirateten, wenn er gegenüber dem anderen Elternteil, dem das Kind zugeordnet ist, seinen Unterhaltsverpflichtungen im Kalenderjahr der Sparleistungen nachkommt.

Verheiratete (1 Arbeitnemer)

zu berücksichtigende Kinder	zu versteuernde des Einkommen	Wohnungsbauprämie in %	Höchstsparleistung	Wohnungsbauprämie
0	48.000	14	1.600	224
1	49.800	16	1.600	256
2	51.600	18	1.600	288
3	53.400	20	1.600	320
4	55.200	22	1.600	352
5	57.000	24	1.600	384

zu berücksichtigende Kinder	Prämie für Höchstsparleistung	Sparzulage für 624 DM pro Arbeitnehmer			
		Sparvertrag		Bausparvertrag	
		in %	in DM	in %	in DM
0	224	16	99,90	23	143,60
1	256	16	99,90	23	143,60
2	288	16	99,90	23	143,60
3	320	26	162,30	33	206,--
4	352	26	162,30	33	206,--
5	384	26	162,30	33	206,--

Verheiratete (2 Arbeitnemer)

zu berück-sichtigen-de Kinder	zu ver-steuern-des Ein-kommen	Wohnungs-bauprämie in %	Höchst-spar-leistung	Wohnungs-bauprämie
0	48.000	14	1.600	224
1	49.800	16	1.600	256
2	51.600	18	1.600	288
3	53.400	20	1.600	320

zu berück-sichtigen-de Kinder	Prämie für Höchstspar-leistung	Sparzulage für 624 DM pro Arbeitnehmer			
		Sparvertrag		Bausparvertrag	
		in %	in DM	in %	in DM
0	224	16	199,80	23	287,20
1	256	16	199,80	23	287,20
2	288	16	199,80	23	287,20
3	320	26	324.60	33	412,--

10 Programme und Anweisungslisten

10.1 Berechnung der Einnahmen aus Kapitalvermögen

Mit Hilfe des folgenden Programms können die Werte

- Ausschüttung vor Kapitalertragsteuerabzug,
- Kapitalertragsteuer,
- Auszahlungsbetrag,
- anzurechnende Körperschaftsteuer und
- zu versteuernde Einnahmen

dann ermittelt werden, wenn eine der Größen bekannt ist und diese Größe eingegeben wird. Dieses Programm bezieht sich nur auf Kapitalerträge mit dem Steuersatz von 25 %. Der Sonderfall der Kapitalertragsteuer i. H. v. 30 % ist so selten, daß auf diese Fälle nicht eingegangen wird.

Die Ermittlung der Einnahmen aus Kapitalvermögen ist wichtig für die richtige Anwendung des Programms in Abschnitt 10.10 (ESt - Gesamtprogramm), da dort nach den Einnahmen aus Kapitalvermögen gefragt wird.
Die Berechnungen mit diesem Programm sind für 1983 und 1984 gültig.

Soweit im Display das Zeichen " = " erscheint, erwartet der Rechner einen Wert. Sollte das Zeichen " ? " erscheinen, wird ein "J" oder "N" für "ja" oder "nein" erwartet.

Variablenliste:

A = Ausschüttung (100 %)
B = Kapitalertragsteuer (25 %)
C = auszuzahlender Betrag (75 %)
D = anrechenbare Körperschaftsteuer (9/16)
E = Einnahmen insgesamt (A + D)
Z = Kennzahl Unterprogramm

A$ = weitere Berechnungen ? J/N ?

Die numerischen Variablen wurden gleichzeitig auch als Stringvariablen benutzt. Hierdurch läßt sich die Eingabe der '0' vermeiden. Es reicht also aus, daß Fragen, denen keine Werte zugewiesen werden sollen, mit 'RETURN' beantwortet werden.

```
10 CLS
20 REM Der Rechner ermittelt die nicht bekannten Werte
30 LPRINT"1: Bruttoaussch.(100%)"
40 LPRINT"2: KapESt        ( 25%)"
50 LPRINT"3: auszuz.Betr.  ( 75%)"
60 LPRINT"4: anzur.KSt     (9/16)"
70 LPRINT"5: zu verst.Einnahmen ":LPRINT:LPRINT:LPRINT
80 CLEAR:INPUT"Zahl eing.";Z
90 IF Z>1 AND Z>5 THEN PRINT"falsche Eingabe":GOTO30
100 ON Z GOSUB 200,300,400,500,600
110 CLS
120 LPRINT"auszuzahl. Betrag";C
130 LPRINT"KapESt           ";B
140 LPRINT"Ausschüttung     ";A
150 LPRINT"anzurechn. KSt   ";D
160 LPRINT"zu verst.Einnahm.";E
170 INPUT"weiter Ber.?J/N";A$
180 IF A$ <> "J" AND A$ <> "N" THEN PRINT "falsche Eingabe":
GOTO 170
190 IF A$ = "J" THEN GOTO 80 ELSE END
200 LPRINT"Eingabe:":LPRINT"Aussch.(100%)=";
205 INPUTA:LPRINTA:LPRINT"Ausgabe:"
210 B = INT((A*.25)*100)/100: C=A-B
220 D = INT((A*9/16)*100)/100: E=A+D
230 RETURN
300 LPRINT"Eingabe:":LPRINT"KapESt (25%) = ";
305 INPUT B:LPRINT B:LPRINT"Ausgabe:"
310 A=INT((B/25*100)*100)/100: C=A-B
320 D=INT((A*9/16)*100)/100: E=A+D
330 RETURN
400 LPRINT"Eingabe:":LPRINT"auszuz.Betrag(75%)=";
405 INPUT C:LPRINT C:LPRINT"Ausgabe:"
410 A=INT((C/75*100)*100)/100: B=A-C
420 D=INT((A*9/16)*100)/100:E=A+D
430 RETURN
500 LPRINT"Eingabe:":LPRINT"anzur.KSt (9/16)=";
505 INPUT D:LPRINT D:LPRINT"Ausgabe:"
510 A=INT((D/9*16)*100)/100: B=INT((A*.25)*100)/100
520 C=A-B: E=A+D
530 RETURN
600 LPRINT"Eingabe:":LPRINT"zu verst.Einn.=";
605 INPUT E:LPRINT E:LPRINT"Ausgabe:"
610 A=INT((E/25*16)*100)/100: D=E-A
620 B=INT((A*.25)*100)/100: C=A-B
630 RETURN
```

10.2 Ermittlung der Einkünfte aus Vermietung und Verpachtung

Nach Eingabe der Jahreszahl (83 oder 84) erfolgt in diesem Programm zunächst die Abfrage des Familienstandes. Soweit 'verheiratet' eingegeben wird, wird als nächstes gefragt, ob beide Ehegatten Einkünfte aus Vermietung und Verpachtung beziehen. Sollte dieses mit 'J' beantwortet werden, ist sichergestellt, daß das Programm alle Abfragen wiederholt, und zwar einmal für den Ehemann und beim zweiten Lauf für die Ehefrau.

Lautet die Eingabe des Familienstandes "ledig" oder die Frage nach den Einkünften der Ehefrau "N", so werden die Zeilen 240 bis 370 (= Einkünfte der Ehefrau) übersprungen.

Im weiteren Verlauf des Programms wird in zwei große Bereiche (Unterprogramme) unterteilt:

- Selbstnutzung, z. B. eines Einfamilienhauses und
- sonstige Einnahmen aus Vermietung und Verpachtung

Zunächst wird ermittelt mit welchen Werten das selbstgenutzte Grundstück anzusetzen ist. Die Wertermittlung erfolgt in einem Unterprogramm und erfordert folgende Eingaben:

- Einheitswert des Grundstücks
- Prozentuale Nutzung des Grundstücks für Wohnzwecke
- Anzahl der vollen Monate der Selbstnutzung
- Werbungskosten (Schuldzinsen u. ä.) für die Zeit 'vor' Selbstnutzung
- Schuldzinsen für die Zeit 'ab' Selbstnutzung, unterschieden nach Grundstücken mit
  - Bauantrag und Baubeginn vor dem 1.10.1982
  - Bauantrag oder Baubeginn nach dem 30.9.1981.
- Abschreibung nach § 7 b EStG und
  soweit eine Abschreibung nach § 7 b EStG zu gewähren ist, ist anzugeben, ob der Bauantrag oder ein gleichgestellter Vorgang nach dem 29.7.1981 vorliegt.

Hinsichtlich der Schuldzinsenzahlungen für die Zeit 'ab' Selbstnutzung ist eine Unterscheidung in zwei Fallgruppen erforderlich, da in der Gruppe 2 (= Bauantrag/Baubeginn nach dem 30.9.1982) ein um 10.000,-- DM höherer Schuldzinsenabzug möglich ist.

Eine weitere Unterscheidung ist bei Anwendung der Abschreibung nach § 7 b EStG erforderlich. Sollte ein Bauantrag oder ein gleichgestellter Vorgang nach dem 29.7.1981 gegeben sein, ist nach § 34 f EStG die sogenannte Kinderkomponente zu beachten:

Bei Steuerpflichtigen, die erhöhte Absetzungen nach § 7 b in Anspruch nehmen, ermäßigt sich die tarifliche Einkommensteuer, auf Antrag um je 600,-- DM für das zweite und jedes weitere Kind des Steuerpflichtigen oder seines Ehegatten. Die sonstigen Voraussetzungen wurden bereits unter Abschnitt 2.3.1 erläutert.

Bei dem Programm zur Ermittlung der Einkünfte aus Vermietung und Verpachtung wird bei der Ausgabe der berechneten Werte ein Hinweis zu dieser Steuervergünstigung gegeben.

Beim Programm in Abschnitt 10.10 wird diese steuerliche Vergünstigung in Form der Kinderkomponente nicht berücksichtigt. Die Kapazitätsgrenze und die ohnehin zeitaufwendigen Eingabeabfragen des Programms zum Abschnitt 10.10 waren für diese Entscheidung ausschlaggebend.

Der Anwender hat also, wenn im Programm 'Ermittlung der Einkünfte aus Vermietung und Verpachtung' der besondere Hinweis zur Kinderkomponente ausgegeben wird, bei seiner Steuerberechnung die Kindervergünstigung selbst zu berücksichtigen.

Nachdem nun die Einkünfte aus dem selbstgenutzten Grundstück ermittelt sind, erfolgt im weiteren Programmablauf die Frage nach sonstigen Einnahmen aus Vermietung und Verpachtung. Sollte diese Frage mit "J" beantwortet werden, ist als nächstes die Anzahl der Grundstücke anzugeben, zu denen Eingaben zur Einkunftsermittlung erfolgen. Entsprechend der eingegebenen Anzahl der Grundstücke erfolgt ein Einstieg in eine Programmschleife. In dieser Schleife sind die

- Einnahmen und
- Werbungskosten (Ausgaben)

je Grundstück einzugeben. Die Eingabe der Einnahmen erfolgt in einer Summe. Der Anwender hat hier in eigener Ermittlung die einzelnen Einnahmen zusammenzustellen (Miete, Umlagen, Zinsen aus Mietkonten, ...). Dagegen kann bei der Eingabe der Werbungskosten gewählt werden, ob auch hier nur eine Zahl eingegeben wird oder ob der Rechner die Einzelpositionen der Werbungskosten abfragen soll. Der Rechner stellt gegebenenfalls folgende Einzelabfragen:

- Schuldzinsen, Geldbeschaffungskosten,
- kleinere Instandhaltungskosten,
- größere Instandhaltungskosten. Hier ist der Anteil anzugeben, der, im Falle einer Verteilung auf mehrere Jahre, auf 1983 bzw. 1984 entfällt.
- Grundbesitzabgaben: (Grundsteuer, Müllabfuhr, Entwässerung, usw.), Wasserversorgung, Hausbeleuchtung,
- Schornsteinreinigung, Hausversicherung, Heizung, Warmwasser, Fahrstuhl, Hauswart, Treppenreinigung,
- sonstige kleine Ausgaben und Verwaltungskosten,
- Abschreibungen nach §§ 7 und 7 b EStG,
- Abschreibungen nach § 82 a EStDV.

Abschließend wird noch nach einem eventuell abzusetzenden Betrag gefragt. Dies könnte erforderlich sein, wenn ein Teil der Werbungskosten auf eine andere Einkunftsart entfallen und damit bei den Werbungskosten aus Vermietung und Verpachtung abzusetzen wäre.

Nachdem die o. g. Schleife entsprechend der eingegebenen Anzahl der Grundstücke durchlaufen ist, erfolgt der Rücksprung ins Hauptprogramm. Soweit für die Ehefrau ebenfalls Einkünfte einzugeben sind, erfolgt ein entsprechender weiterer Durchlauf.

Abschließend wirft der Rechner mit der Bezeichnung "Einkünfte EM" und "Einkünfte EF" die ermittelten Einkünfte jeweils für Ehemann (= EM) und Ehefrau (= EF) getrennt aus.

Variablenliste:

A$ = Haben Ehemann und Ehefrau Einkünfte aus Vermietung und Verpachtung ? J/N ?
B$ = Liegt ein selbstgenutztes Einfamilienhaus vor ? J/N ?
C$ = Liegt § 7 b EStG vor ? J/N ?
D$ = Baubeginn oder gleichgestellter Vorgang nach dem 29.7. 1981 ? J/N ?
E$ = sonstige Einnahmen aus Vermietung und Verpachtung ? J/N ?

F$ = weitere Berechnungen ? J/N ?
A = Familienstand (1 oder 2)
B = Einheitswert
BA = Nutzung für Wohnzwecke in %
BB = Selbstnutzung in vollen Monaten
BC = Werbungskosten vor Selbstnutzung
BD = Schuldzinsen ab Selbstnutzung
BE = Abschreibung gemäß § 7 b EStG
BF = wie BD, jedoch muß ein Bauantrag oder Baubeginn nach dem 30.9.1982 vorliegen
C = 1,4 % des Einheitswertes
CA = Zwischenwert
CB = Einkünfte aus selbstgenutztem Einfamilienhaus
D = Anzahl der Grundstücke mit sonstigen Mieteinnahmen
E = Mieteinnahmen
EA = Werbungskosten (Zwischenwert)
EB = E - EA
EC = EC + EB (Summenspeicher)
EF = Einkünfte aus Vermietung und Verpachtung der Ehefrau
EM = Einkünfte aus Vermietung und Verpachtung des Ehemannes
F = Art der Werbungskosteneingabe (Verzweigung in Unterprogramme)
FA = Geldbeschaffungskosten
FB = kleinere Instandsetzungskosten
FC = größere Instandsetzungskosten
FD = Grundbesitzabgaben
FE = Hausversicherung und Reinigungskosten
FF = sonstige Kosten
FG = Abschreibungen
FH = weitere Abschreibungen
FI = Werbungskosten (Zwischenwert)
FJ = Werbungskostenminderung
J = Kalenderjahr (Eingabe 83 oder 84 zulässig)
X = Schleifenzähler

Die numerischen Variablen wurden auch bei diesem Programm zur Unterdrückung der Eingabe '0' gleichzeitung als Stringvariable benutzt. Vgl. Erläuterungen zu Abschnitt 10.1.

```
10 GOSUB1000
20 CLS:PRINT"Familienstand:":PRINT"ledig        = 1"
30 PRINT"verheiratet = 2"
40 INPUT"Eingabe ===>";A$:A=VAL(A$)
50 IF A<1 OR A>2 THEN 10
60 IF A=1 THEN 110
70 PRINT"Haben beide Ehe-":PRINT"gatten Einkünfte ":PRINT"Ve
rm.u.Verp.?"
80 A$=INKEY$:IF A$="" THEN 80
90 IF A$<>"J" AND A$<>"N" THEN 70
100 IF A$="N" THEN A=1
110 CLS:IF A=2 THEN PRINT"Einkünfte Ehemann"
120 PRINT"selbstgen.Einfam.h.?"
130 B$=INKEY$:IF B$="" THEN 130
140 IF B$<>"J" AND B$<>"N" THEN 120
150 IF B$="J" THEN GOSUB 470
160 EM=CB:CLS
170 IF B$="N" THEN 220
180 PRINT"sonst. Einnahmen ":PRINT"aus Verm.u.Verp.?"
190 E$=INKEY$:IF E$="" THEN 190
200 IF E$<>"J" AND E$<>"N" THEN 180
210 IF E$="N" THEN 240
220 GOSUB 660
230 EM=EM+EC
240 IF A=1 THEN 380
250 CLS:PRINT"Einkünfte Ehefrau":B$=""
260 PRINT"selbstgenutztes ":PRINT"Einfam.haus?"
270 B$=INKEY$:IF B$="" THEN 270
280 IF B$<>"J" AND B$<>"N" THEN 280
290 IF B$="J" THEN GOSUB 470
300 EF=CB:CLS
310 IF B$="N" THEN 360
320 E$="":PRINT"sonst. Einnahmen?"
330 E$=INKEY$:IF E$ ="" THEN 330
340 IF E$<>"J" AND E$<>"N" THEN 320
350 IF E$="N" THEN 380
360 GOSUB 660
370 EF=EF+EC
380 LPRINT"Einkünfte aus Vermietung";:LPRINT"und Verpachtung
"
390 LPRINT STRING$(24,"-")
400 LPRINT"Einkünfte EM=";EM:IF A=1 THEN 410 ELSE LPRINT"Ein
künfte EF=";EF
410 IF D$="J" THEN LPRINT"Baubeginn nach dem":LPRINT"29.07.1
981; bes. Steuerverg.":LPRINT"ab 2. Kind, 600,-- DM je":LPRI
```

```
NT"Kind abziehen" ELSE 420
420 PRINT"weitere Berechn.?"
430 F$=INKEY$:IF F$="" THEN 430
440 IF F$<>"J" AND F$<>"N" THEN 420
450 IF F$="J" THEN 10
460 END
470 'UP 1
480 CLS:B=0:BA=0:BB=0:BC=0:BD=0:BE=0:C=0:CA=0:CB=0
490 PRINT"Einheitswert=":INPUT B$:B=VAL(B$)
500 PRINT"Anteil Wohnzwecke":INPUT"in %=";BA$:BA=VAL(BA$):IF
 BA>100 THEN CLS:GOTO 500
510 PRINT"Selbstnutzung in ":INPUT "Monaten=";BB$:BB=VAL(BB$
):IF BB<1 OR BB>12 THEN CLS:GOTO 510
520 PRINT"Schuldzinsen u.a.":PRINT"Kosten vor Selbst-":PRINT
"nutzung=":INPUT BC$:BC=VAL(BC$)
530 PRINT"Schuldzinsen ab ":PRINT"Selbstnutzung=":INPUT BD$:
BD=VAL(BD$)
540 PRINT"AfA gem.§7b?"
550 C$=INKEY$:IF C$="" THEN 550
560 IF C$<>"J" AND C$<>"N" THEN 540
570 IF C$="N" THEN 620
580 INPUT"AfA gem. §7b=";BE$:BE=VAL(BE$)
590 PRINT"Bauantrag o.ä.nach":PRINT"dem 29.07.81?"
600 D$=INKEY$:IF D$="" THEN 600
610 IF D$<>"J" AND D$<>"N" THEN 590
615 IF D$="J" THEN PRINT"Bauantrag o.ä.nach":PRINT"dem 30.09
.82?"
617 G$=INKEY$: IF G$=""THEN 617
620 C=B*.014*BA/100*BB/12
630 CA=BD:IF BD>C THEN CA=C:IF G$="J" THEN CA=BD:IF CA>10000
 THEN CA=C+10000
640 CB=C-CA-BE-BC
650 RETURN
660 'UP 2
670 CLS:D=0:E=0:EB=0:EC=0:FA=0:FB=0:FC=0:FD=0:FE=0:FF=0:FG=0
:FH=0:FI=0:FJ=0
680 PRINT"Anzahl der Grundst.":PRINT"für die Eingaben ":PRIN
T"getätigt werden=":INPUT D$:D=VAL(D$)
690 FOR X=1 TO D
700 PRINT"Grundstück Nr.";X
710 INPUT"Einnahmen=";E$:E=VAL(E$)
720 PRINT"Werbungskosten:":PRINT"1=nur ein Betrag"
730 PRINT"2=Eingabe einzeln"
740 INPUT"Eingabe==>";F$:F=VAL(F$)
750 IF F<1 OR F>2 THEN 720
760 IF F=2 THEN GOSUB 810:GOTO 780
770 INPUT"Werbungskosten=";EA$:EA=VAL(EA$)
```

```
780 EB=INT(E-EA):EC=EC+EB
790 NEXT X
800 RETURN
810 'UP 3
820 CLS:FA=0:FB=0:FC=0:FD=0:FE=0:FF=0:FG=0:FH=0:FI=0:FJ=0
830 CLS:PRINT"Werbungskosten ":PRINT"für das Grundst.";X
840 PRINT"Schuldzinsen, Geld-";:PRINT"besch.kosten,...=":INP
UT FA$:FA=VAL(FA$)
850 PRINT"kl.Instandhalt.ko.=";:INPUT FB$:FB=VAL(FB$)
860 PRINT"gr.Instandhalt.ko.":PRINT"für 19";J$:INPUT FC$:FC=
VAL(FC$)
870 PRINT"Grundbesitzabg.=":INPUT FD$:FD=VAL(FD$)
880 PRINT"Hausvers.,Schornst.=";:INPUT FE$:FE=VAL(FE$)
890 PRINT"sonst.kl.Ausgaben":PRINT"und Verwaltungsk.=":INPUT
 FF$:FF=VAL(FF$)
900 PRINT"AfA gem.§§7,7b EStG";:INPUT FG$:FG=VAL(FG$)
910 PRINT"AfA gem.§§82a ff":INPUT FH$:FH=VAL(FH$)
920 FI=INT(FA+FB+FC+FD+FD+FF+FG+FH+.9)
930 PRINT"abzusetende Betr.":INPUT FJ$:FJ=VAL(FJ$)
940 FJ=INT(FJ):EA=FI-FJ
950 RETURN
1000 CLS:PRINT"Berechnung für 19.."
1010 PRINT"Eingabe 83 und 84":PRINT"zulässig"
1020 INPUT"Jahreszahl";J$:J=VAL(J$)
1030 IF J<83 OR J>84 THEN CLS:GOTO 1010
1040 RETURN
```

10.3 Ermittlung des steuerpflichtigen Teils der Renten

Der steuerpflichtige Ertragsanteil der Renten ist mit Hilfe dieses Programms ermittelbar. Nach Eingabe des Kalenderjahres, Familienstandes und ggf. Eingabe, ob auch der Ehegatte Renteneinkünfte hat, erfolgt ein Einstieg in eine Schleife. Bei Eingabe 'verheiratet' und vorhandenen Einkünften des Ehegatten wird nacheinander der Ertragsanteil für den Ehemann und die Ehefrau ermittelt.

Es ist danach das Alter bei Rentenbeginn einzugeben. Soweit die folgende Frage 'abgekürzte Leibrente ? J=1/N=2' mit 'J' beantwortet wird, ist die Angabe erforderlich, auf wieviele Jahre die Rente beschränkt ist. Abschließend wird nach der Höhe der 1983 bzw. 1984 gezahlten Rente gefragt.

Als Ergebnis wird die Größe Ertragsanteil (in DM), getrennt für Ehemann und Ehefrau, ausgegeben.

Die zweite im Abschnitt 2.4 auszugsweise dargestellte Tabelle weist in der rechten Spalte auf eine 'andere Tabelle' hin. Die 'andere Tabelle' wurde bei Erstellung des Programms nicht berücksichtigt, da es sich insoweit um Ausnahmen handelt, die selten zum Zuge kommen.

Soweit die Rentenzahlung vor dem 1.1.1955 begann ist die sich dann ergebende Berechnung ebenfalls nicht im Programm vorgesehen.

Variablenliste:

```
AJJ     = Alter bei Rentenbeginn
ALEIB%  = abgekürzte Leibrente ? J=1/N=2
BEK%    = beide Ehegatten Einkünfte ? J=1/N=2
BJ      = Beschränkung auf wieviele Jahre
E       = Ertragsanteil in %
EA      = Ertragsanteil in DM
EF      = Ertragsanteil (Einnahmen) der Ehefrau
EM      = Ertragsanteil (Einnahmen) des Ehemannes
J       = Kalenderjahr
RENT    = gezahlte Rente
TAB%    = Familienstand
```

```
10 WIDTH20,80:GOSUB1600
20 CLS:PRINT"Familienstand:":PRINT"1=ledig":PRINT"2=verh.";:
LOCATE 15,2:INPUT TAB$:TAB%=VAL(TAB$)
30 IF TAB%<1 OR TAB%>2 THEN GOTO 20
40 Z=1: IF TAB%=1 THEN GOTO 60
50 CLS:PRINT "Haben beide Ehegat-": PRINT "ten Einkünfte ?":
 PRINT "J=1/N=2 ";: INPUT BEK$: BEK%=VAL(BEK$):IF BEK%=1 THE
N Z=2
60 CLS:PRINT "Wertermittlung:":IF TAB%=1 THEN GOTO 80
70 PRINT"für den Ehemann:"
80 FOR X=1 TO Z
90 PRINT "Alter bei Renten-": PRINT "beginn JJ ";: INPUT AJJ
$: AJJ=VAL(AJJ$)
100 PRINT "abgekürzte Leib-": PRINT "rente J=1/N=2 ";: INPUT
 ALEIB$: ALEIB%=VAL(ALEIB$)
110 IF ALEIB%<1 OR ALEIB%>2 THEN GOTO 100
120 IF ALEIB%=2 THEN GOTO 140
130 PRINT "Beschränkung auf": PRINT "wieviele Jahre ";: INPU
T BJ$: BJ=VAL(BJ$): IF BJ>93 THEN PRINT "Eingabe >93 nicht":
 PRINT "zulässig": FOR Y=1 TO 500: NEXT Y: GOTO 130
140 PRINT "gezahlte Rente in": PRINT "19";J$;: INPUT RENT$:
RENT=VAL (RENT$)
150 ON ALEIB% GOSUB 230, 830
160 EA=INT(E*RENT/100)
170 IF X=1 THEN EM=EA: GOTO 190
180 EF=EA
190 IF Z=2 THEN PRINT "Wertermittlung:":PRINT "für die Ehefr
au:":Z=0
200 NEXT X
210 PRINT "Ertragsanteil:": PRINT "Ehemann = ";EM:IF TAB%=1
THEN END ELSE PRINT "Ehefrau = ";EF
220 END
230 IF BJ=1 THEN E=0
240 IF BJ=2 THEN E=2
250 IF BJ=3 THEN E=5
260 IF BJ=4 THEN E=7
270 IF BJ=5 THEN E=9
280 IF BJ=6 THEN E=10
290 IF BJ=7 THEN E=12
300 IF BJ=8 THEN E=14
310 IF BJ=9 THEN E=16
320 IF BJ=10 THEN E=17
330 IF BJ=11 THEN E=19
340 IF BJ=12 THEN E=21
```

```
350 IF BJ=13 THEN E=22
360 IF BJ=14 THEN E=24
370 IF BJ=15 THEN E=25
380 IF BJ=16 THEN E=26
390 IF BJ=17 THEN E=28
400 IF BJ=18 THEN E=29
410 IF BJ=19 THEN E=30
420 IF BJ=20 THEN E=31
430 IF BJ=21 THEN E=33
440 IF BJ=22 THEN E=34
450 IF BJ=23 THEN E=35
460 IF BJ=24 THEN E=36
470 IF BJ=25 THEN E=37
480 IF BJ=26 THEN E=38
490 IF BJ=27 THEN E=39
500 IF BJ=28 THEN E=40
510 IF BJ=29 THEN E=41
520 IF BJ=30 THEN E=42
530 IF BJ=31 THEN E=43
540 IF BJ=32 THEN E=44
550 IF BJ=33 THEN E=45
560 IF BJ=34 THEN E=46
570 IF BJ=35 THEN E=47
580 IF BJ=36 THEN E=48
590 IF BJ=37 OR BJ=38 THEN E=49
600 IF BJ=39 THEN E=50
610 IF BJ=40 THEN E=51
620 IF BJ=41 OR BJ=42 THEN E=52
630 IF BJ=43 THEN E=53
640 IF BJ=44 THEN E=54
650 IF BJ=45 OR BJ=46 THEN E=55
660 IF BJ=47 OR BJ=48 THEN E=56
670 IF BJ=49 THEN E=57
680 IF BJ>49 OR BJ<52 THEN E=58
690 IF BJ=52 OR BJ=53 THEN E=59
700 IF BJ=54 OR BJ=55 THEN E=60
710 IF BJ=56 OR BJ=57 THEN E=61
720 IF BJ=58 OR BJ=59 THEN E=62
730 IF BJ>59 AND BJ<63 THEN E=63
740 IF BJ=63 OR BJ=64 THEN E=64
750 IF BJ>64 AND BJ<68 THEN E=65
760 IF BJ>67 AND BJ<71 THEN E=66
770 IF BJ>70 AND BJ<75 THEN E=67
780 IF BJ>74 AND BJ<78 THEN E=68
790 IF BJ>77 AND BJ<83 THEN E=69
```

```
800 IF BJ>82 AND BJ<88 THEN E=70
810 IF BJ>87 AND BJ<94 THEN E=71
820 RETURN
830 IF AJJ<3 THEN E=72
840 IF AJJ>2 AND AJJ<6 THEN E=71
850 IF AJJ>5 AND AJJ<9 THEN E=70
860 IF AJJ>8 AND AJJ<11 THEN E=69
870 IF AJJ>10 AND AJJ<13 THEN E=68
880 IF AJJ>12 AND AJJ<15 THEN E=67
890 IF AJJ>14 AND AJJ<17 THEN E=66
900 IF AJJ>16 AND AJJ<19 THEN E=65
910 IF AJJ>18 AND AJJ<21 THEN E=64
920 IF AJJ>20 AND AJJ<23 THEN E=63
930 IF AJJ>23 AND AJJ<25 THEN E=62
940 IF AJJ>24 AND AJJ<27 THEN E=61
950 IF AJJ=27 THEN E=60
960 IF AJJ>27 AND AJJ<30 THEN E=59
970 IF AJJ=30 THEN E=58
980 IF AJJ>30 AND AJJ<33 THEN E=57
990 IF AJJ=33 THEN E=56
1000 IF AJJ=34 THEN E=55
1010 IF AJJ=35 THEN E=54
1020 IF AJJ>35 AND AJJ<38 THEN E=53
1030 IF AJJ=38 THEN E=52
1040 IF AJJ=39 THEN E=51
1050 IF AJJ=40 THEN E=50
1060 IF AJJ=41 THEN E=49
1070 IF AJJ=42 THEN E=48
1080 IF AJJ>42 AND AJJ<45 THEN E=47
1090 IF AJJ=45 THEN E=46
1100 IF AJJ=46 THEN E=45
1110 IF AJJ=47 THEN E=44
1120 IF AJJ=48 THEN E=43
1130 IF AJJ=49 THEN E=42
1140 IF AJJ=50 THEN E=41
1150 IF AJJ=51 THEN E=39
1160 IF AJJ=52 THEN E=38
1170 IF AJJ=53 THEN E=37
1180 IF AJJ=54 THEN E=36
1190 IF AJJ=55 THEN E=35
1200 IF AJJ=56 THEN E=34
1210 IF AJJ=57 THEN E=33
1220 IF AJJ=58 THEN E=32
1230 IF AJJ=59 THEN E=31
1240 IF AJJ=60 THEN E=29
```

```
1250 IF AJJ=61 THEN E=28
1260 IF AJJ=62 THEN E=27
1270 IF AJJ=63 THEN E=26
1280 IF AJJ=64 THEN E=25
1290 IF AJJ=65 THEN E=24
1300 IF AJJ=66 THEN E=23
1310 IF AJJ=67 THEN E=22
1320 IF AJJ=68 THEN E=21
1330 IF AJJ=69 THEN E=20
1340 IF AJJ=70 THEN E=19
1350 IF AJJ=71 THEN E=18
1360 IF AJJ=72 THEN E=17
1370 IF AJJ=73 THEN E=16
1380 IF AJJ=74 THEN E=15
1390 IF AJJ=75 THEN E=14
1400 IF AJJ>75 AND AJJ<78 THEN E=13
1410 IF AJJ=78 THEN E=12
1420 IF AJJ=79 THEN E=11
1430 IF AJJ=80 THEN E=10
1440 IF AJJ>80 AND AJJ<83 THEN E=9
1450 IF AJJ=83 THEN E=8
1460 IF AJJ>83 AND AJJ<86 THEN E=7
1470 IF AJJ>85 AND AJJ<88 THEN E=6
1480 IF AJJ>87 AND AJJ<90 THEN E=5
1490 IF AJJ>89 AND AJJ<92 THEN E=4
1500 IF AJJ>91 AND AJJ<94 THEN E=3
1510 IF AJJ>93 AND AJJ<97 THEN E=2
1520 IF AJJ>96 THEN E=1
1530 RETURN
1600 CLS:PRINT"Berechnung für 19.."
1610 PRINT"Eingabe 83 und 84":PRINT"zulässig"
1620 INPUT"Jahreszahl";J$:J=VAL(J$)
1630 IF J<83 OR J>84 THEN CLS:GOTO 1010
1640 RETURN
```

10.4 Ermittlung der Werbungskosten aus nichtselbständiger Tätigkeit

Mit Hilfe des folgenden Programms werden die Werbungskosten zu den Einkünften aus nichtselbständiger Tätigkeit ermittelt. Im Hauptprogramm ESt-Veranlagung bzw. LStJA erfolgt diese Ermittlung nicht. Dort wird lediglich nach den Werbungskosten, die der Anwender vorher zu ermitteln hat, gefragt.

Zunächst werden die Fahrtkosten für Fahrten zwischen Wohnung und Arbeitsstätte berechnet. Es wird zwischen Benutzung öffentlicher Verkehrsmittel und der Benutzung eines eigenen Fahrzeugs unterschieden. Nach Eingabe der Kosten durch Fahrten mit öffentlichen Verkehrsmitteln, fragt der Rechner nach dem benutzten Fahrzeug für die übrigen Fahrten. Dies führt zur Festlegung des Kilometerpauschbetrages. Da bei Benutzung eines eigenen Pkw und bei vorhandener Körperbehinderung der Ansatz der tatsächlichen Kosten je km möglich ist, wird nunmehr nach einer eventuellen Körperbehinderung gefragt. Wird eine Behinderung von weniger als 70 %, aber mindestens 50 % eingegeben, so wird nach einer vorhandenen Geh- und Stehbehinderung gefragt. Soweit es zulässig ist (der Rechner stellt dies aus den vorhergegangenen Eingaben fest), ist nun einzugeben, ob die tatsächlichen Kosten je km berücksichtigt werden sollen. Wenn diese Frage angezeigt wird und die Eingabe 'N' erfolgt, werden 0,84 DM je Entfernungskilometer berechnet. Die Eingabe der tatsächlichen Kosten ist also nur erforderlich, wenn diese je km über 0,42 DM liegen. Nach Eingabe der einfachen Entfernung zwischen Wohnung und Arbeitsstätte in km und der Anzahl der Tage erfolgt die entsprechende Kostenberechnung.

Es folgt nun die Frage nach weiteren Fahrtkosten zwischen Wohnung und Arbeitsstätte. Dies ist erforderlich, da im Laufe des Jahres eine Berechnungsänderung eintreten könnte:

- Wechsel der Fahrzeugart,
- Wechsel der Arbeitsstelle und damit verbundene Änderung der Entfernungskilometer,
- Änderung in der Minderung der Erwerbsfähigkeit.

Erst wenn die Frage nach weiteren Fahrtkosten mit 'N' beantwortet wird, erfolgt abschließend die Eingabe der steuerfreien Fahrtkostenerstattung, da diese auf die Fahrtkosten anzurechnen ist. Der Programmbereich Fahrtkosten wird bei Programmzeile 400 verlassen.

Es sind nun folgende Werte einzugeben:

- Beiträge zu Berufsverbänden (= Gewerkschaftsbeiträge),
- Kosten für Arbeitsmittel (= Arbeitskleidung, Werkzeug, Fachliteratur),
- Bewerbungskosten,
- Fortbildungskosten.

Mit den Reisekosten folgt nun ein umfangreicherer Programmteil. Wird durch Eingabe 'J' bei der Frage nach Reisekosten der Einstieg in diesen Bereich gewählt, so wird zunächst nach Dienstgängen gefragt. Die Unterscheidungsmerkmale von Dienstgängen und Dienstreisen sind in Abschnitt 2.1.2 erläutert. Nach Dienstgängen wird nur einmal gefragt, da hier nur ein Pauschbetrag möglich ist.

Dagegen sind zu dem Bereich Dienstreisen mehrere Abfragen erforderlich. Die Höhe des Pauschbetrages ist abhängig von

- der Höhe des Jahresarbeitslohns und
- der Dauer der Abwesenheit von der Wohnung,
  a) eintägige oder mehrtägige Dienstreise,
  b) Abwesenheit nach Stunden.

Nach Einstieg in die zutreffende Lohnstufe und Eingabe der Dienstreiseart 'eintägig' erfolgt in verschiedenen Unterprogrammen die Ermittlung der Abwesenheit durch Eingabe der Uhrzeit bei

- Verlassen der Wohnung und
- Rückkehr zur Wohnung.

Der Rechner zeigt die ermittelte Pauschale an und erwartet die Eingabe der Anzahl der Tage an denen diese Pauschale zu berücksichtigen ist. Da die Abwesenheit an verschiedenen Arbeitstagen unterschiedlich sein kann, wird gefragt, ob weitere 'eintägige' Dienstreisen vorliegen.

Damit kann eine wiederholte Abfrage der Werte erreicht werden. Der Rechner summiert die ermittelten Dienstreisewerte und verbleibt in dem Programmbereich bis auf die Frage 'weitere eintägige Dienstreisen ?' mit 'N' beantwortet wird.

Ein ähnlicher Programmbereich folgt nun für die 'mehrtägigen' Dienstreisen. Dieser Programmbereich wird ebenfalls so lange wiederholt bis der Anwender den entsprechenden Ausstieg durch 'N' eingibt.
Nach Ermittlung der Kosten für
Dienstgänge, eintägige Dienstreisen und mehrtägige Dienstreisen
folgt die Frage nach dem steuerfreien Kostenersatz, der abzusetzen ist.

Nach Eingabe der Umzugskosten folgt der Bereich Mehraufwand für Verpflegung. Auch hier ist zunächst, durch Eingabe der Uhrzeiten, die Abwesenheitsdauer von der Wohnung zu ermitteln. Die im Abschnitt 2.1.2 erläuterte Art der Tätigkeit ist nachfolgend einzugeben. Nach Berechnung der Abwesenheit und unter Berücksichtigung der Tätigkeit wird der zu erfassende Pauschbetrag ermittelt. Nach Eingabe der Anzahl der Tage, für die diese Voraussetzungen zutreffen, ist auch hier der steuerfreie Kostenersatz einzugeben.

Der letzte große Bereich der Werbungskosten sind die Mehraufwendungen für doppelte Haushaltsführung. Um an dieser Stelle Wiederholungen zu vermeiden, sollten bei Bearbeitung dieses Programmteils die Ausführungen in Abschnitt 2.1.2 beachtet werden. Dieser Programmteil fragt die unter 2.1.2 genannten Werte ab und berücksichtigt die einzelnen Grenzen, die an dieser Stelle nicht erneut erläutert werden.

Abschließend erfolgt noch die Frage nach sonstigen bisher nicht genannten Werbungskosten. Dies könnten z. B. besondere Pauschbeträge für bestimmte Berufsgruppen sein (Berufsringer, Geistliche, Kirchenmusiker, ...). Auf diese Pauschbeträge wird hier nicht näher eingegangen. Nach Eingabe dieses Wertes gibt der HX-20 eine Zusammenstellung der ermittelten Werte aus, die mit dem Wert abzugsfähige Werbungskosten endet.

Wertermittlungen für 1983 und 1984 sind bei diesem Programm identisch. Somit entfällt die Eingabe des Kalenderjahres.

Variablenliste:

A$ = Fahrtkosten mit öffentlichen Verkehrsmitteln ? J/N ?
D$ = Geh- und Stehbehinderung vorhanden ? J/N ?
E$ = weitere Fahrtkosten vorhanden ? J/N ?
F$ = Ansatz der nachgewiesene Kosten ? J/N ?
H$ = Reisekosten vorhanden ? J/N ?
I$ = Dienstgänge vorhanden ? J/N ?
J$ = Dienstreisen vorhanden ? J/N ?
K$ = eintägige Dienstreisen vorhanden ? J/N?
L$ = weitere eintägige Dienstreisen vorhanden ? J/N ?
M$ = mehrtägige Dienstreisen vorhanden ? J/N ?
N$ = Verpflegungsmehraufwand für 10 bzw. 12 stündige Abwesenheit ? J/N ?
O$ = Berufskraftfahrer oder vergleichbare Person ? J/N ?
P$ = ständig wechselnde Einsatzstellen ? J/N ?
Q$ = Kosten für doppelte Haushaltsführung vorhanden ? J/N ?
R$ = Kosten für erste Fahrt zu Beginn der Tätigkeit ? J/N ?
S$ = Fahrtkosten mit öffentlichen Verkehrsmitteln ? J/N ?
T$ = wie R$, jedoch für die letzte Fahrt ? J/N ?
U$ = Familienheimfahrten ? J/N ?
V$ = Unterkunftskosten ? J/N ?
W$ = Verpflegungsmehraufwand ? J/N ?
Y$ = Unterkunftskosten laut Einzelnachweis ? J/N ?
Z$ = Uhrzeit: Verlassen der Wohnung
ZZ$ = Uhrzeit: Rückkehr zur Wohnung

A = Fahrtkosten öffentliche Verkehrsmittel
AA = km
AB = Unterkunftstage
AC = Kosten für Unterkunft
AD = Berechnung Verpflegungsmehraufwand pauschal oder laut Einzelnachweis (1 oder 2)
AE = Tage mit Verpflegungsmehraufwand
AF = Kosten für Verpflegungsmehraufwand für 14 Tage
AG = Zwischenwert für verschiedene Berechnungen
AH = Zwischenwert
AI = Zwischenwert
AJ = Zwischenwert
B = Art des Fahrzeugs (1 bis 4)
BA = Zwischenwert
BB = Zwischenwert
C = Kosten je Entfernungskilometer je Fahrzeug
D = Minderung der Erwerbsfähigkeit in %

DA = Aufwand für doppelte Haushaltsführung
DB = steuerfreier Kostenersatz
DC = sonstige Werbungskosten
E = Entfernung Wohnung / Arbeitsstätte in km
F = Anzahl der Tage (für Fahrtkosten)
F1 = Anzahl der Tage (für Fahrtkosten)
G = Fahrtkosten (außer A)
G1 = Fahrtkosten (außer A)
H = Fahrtkosten (einschließlich A)
I = steuerfreier Fahrtkostenersatz
J = abzugsfähige Fahrtkosten (H - I)
K = Beiträge zu Berufsverbänden
L = Aufwendungen für Arbeitsmittel
M = Bewerbungskosten
N = Fortbildungkosten
O = Jahresarbeitslohn (Stufen 1 bis 3)
P = Tage mit Dienstgängen
P1 = Pauschale für Dienstgänge (P * 3)
Q = Pauschale für eintägige bzw. mehrtägige Dienstreisen
R = Abwesenheit von der Wohnung (Stufen 1 bis 4)
S = Arbeitstage (zu Pauschale Q)
S1 = Pauschalen für Dienstreisen (S * Q)
T = steuerfreier Reisekostenersatz
U = Umzugskosten
V = Pauschale für Verpflegungsmehraufwand(10 oder 12 Stunden)
W = Arbeitstage
W1 = Summe der Pauschalen (W * V)
X = steuerfreier Ersatz
Y = Fahrtkosten öffentliche Verkehrsmittel
Y1 = Zwischenwert
Y2 = Fahrtkosten öffentliche Verkehrsmittel
Y3 = Zwischenwert
Y4 = Fahrtkosten öffentliche Verkehrsmittel
Y5 = Zwischenwert
Y6 = Fahrtkosten insgesamt
Z = Benutztes Fahrzeug (1 oder 2)
Z1 = km-Pauschale
WK = Summe der abzugsfähigen Werbungskosten

```
10 WIDTH20,80
20 CLS:PRINT" Berechnung der":PRINT"Werbungskosten bei":PRIN
T"Einkünften aus":PRINT"nichtselbst. Arbeit"
30 LOCATE 19,0:FOR I=1 TO 1000:NEXT I
40 CLS:PRINT" Fahrten zwischen":PRINT"Wohnung und Arbeits-";
:PRINT"stätte":LOCATE 0,0
50 FOR I=1 TO 1000:NEXT I
60 CLS:PRINT"Kosten für öffentl.":PRINT"Verkehrsmittel="
70 INPUT A$: A=VAL(A$):IF A>0 THEN 380
80 CLS:PRINT" Fahrten mit eig.":PRINT"Fahrzeug zwischen":PRI
NT" Wohnung ":PRINT"und Arbeitsstätte":LOCATE 0,0
90 FOR I=1 TO 1000:NEXT I
100 CLS:PRINT"  benutztes Fahrz.:"
110 PRINT" 1=PKW 4=Fahrrad":PRINT" 2=Motorrad/-roller":PRINT
" 3=Moped/Mofa"
120 LOCATE0,0
130 INPUT B$:B=VAL(B$)
140 IF B<1 OR B>4 THEN 100
150 IF B=1 THEN C=.36
160 IF B=2 THEN C=.16
170 IF B=3 THEN C=.22
180 IF B=4 THEN C=.12
190 CLS:PRINT"Minderung der":PRINT"der Erwerbsfähigk.":PRINT
"in %="
200 INPUT D$:D=VAL(D$)
210 IF D> 100 THEN 190
220 IF D>69 AND B=1 THEN C=.84:GOTO 290
230 IF D<50 THEN 350
240 PRINT"Liegt erhebliche":PRINT"Gehbehinderung vor?"
250 D$=INKEY$:IF D$="" THEN 250
260 IF D$<>"J" AND D$<>"N" THEN 240
270 IF D$="N" THEN 290
280 C=.84
290 '
300 PRINT"sollen tats. Kosten":PRINT"berücks. werden?"
310 F$=INKEY$:IF F$="" THEN 310
320 IF F$<>"J" AND F$<>"N" THEN 300
330 IF F$="N" THEN 350
340 PRINT"Kosten je km ein-";PRINT"geben":INPUT C
350 PRINT"Entfernung Wohn. b.":PRINT"Arbeitsst. in km =":INP
UT E$:E=VAL(E$):E=INT(E+.9)
360 INPUT "Anzahl der Tage=";F$:F=VAL(F$):F1=F1+F
370 G=C*E*F:G1=G1+G
380 GOSUB 2460:IF E$="J" GOTO 100
```

```
390 H=G1+A
400 PRINT"davon vom Arbeit-":PRINT"geber steuerfrei":PRINT"g
ezahlt=":INPUT I$:I=VAL(I$)
410 J=INT(H-I+.9):IF J<0 THEN J=0
420 PRINT"Beiträge zu ":PRINT"Berufsverbänden=":INPUT K$:K=V
AL(K$):K=INT(K+.9)
430 PRINT"Aufwendung für":PRINT"Arbeitsmittel =":INPUT L$:L=
VAL(L$):L=INT(L+.9)
440 PRINT"Bewerbungsk.=":INPUT M$:M=VAL(M$):M=INT(M+.9)
450 PRINT"Fortbildungsk.=":INPUT N$:N=VAL(N$):N=INT(N+.9)
460 PRINT"Reisekosten vor-":PRINT"handen?"
470 H$=INKEY$:IF H$="" THEN 470
480 IF H$<>"J" AND H$<>"N" THEN 460
490 IF H$="N" THEN 880
500 PRINT"Dienstgänge vor-":PRINT"handen?"
510 I$=INKEY$:IF I$="" THEN 510
520 IF I$<>"J" AND I$<>"N" THEN 500
530 IF I$="N" THEN 560
540 PRINT"Wieviel Tage=":INPUT P$:P=VAL(P$):P1=P*3
550 S1=P1
560 PRINT"Liegen Dienst-":PRINT"reisen vor?"
570 J$=INKEY$:IF J$="" THEN 570
580 IF J$<>"J" AND J$<>"N" THEN 560
590 IF J$="N" THEN 860
600 CLS:PRINT"  Jahresarbeitslohn":PRINT"1 = bis  25.000":PR
INT"2 = 25.001 -50.000":PRINT"3 = mehr als 50.000"
610 LOCATE0,0
620 INPUT O
630 IF O<1 OR O>3 THEN 600
640 CLS:PRINT"eintägige Dienst-":PRINT"reisen vorhanden?"
650 K$=INKEY$:IF K$="" THEN 650
660 IF K$<>"J" AND K$<>"N" THEN 650
670 IF K$="N" THEN 750
680 GOSUB 2210
690 IF R<=300 THEN Q=0:GOTO 710
700 ON O GOSUB 1970,2010,2050
710 PRINT"Pauschale =";Q: IF Q=0 THEN 730
720 PRINT"für wieviel Arbeits-";:PRINT"tage=":INPUT S
730 S=S*Q:GOSUB 2500
740 S1=S1+S:IF L$="J" THEN 680
750 PRINT"Liegen mehrtägige":PRINT"Dienstreisen vor?"
760 M$=INKEY$: IF M$="" THEN 760
770 IF M$<>"J" AND M$<>"N" THEN 750
780 IF M$="N" THEN 860
790 GOSUB 2210
```

```
800 IF R<=300 THEN Q=0: GOTO 820
810 ON O GOSUB 2090,2130,2170
820 PRINT"Pauschale =";Q: IF Q=0 THEN 840
830 PRINT"für wieviel Arbeits-":PRINT"tage=":INPUT S
840 S=S*Q:GOSUB 2540
850 S1=S1+S: IF L$="J" THEN 790
860 PRINT"steuerfreier Kosten-":PRINT"ersatz=":INPUT T
870 S1=INT(S1-T+.9):IF S1<0 THEN S1=0
880 INPUT "Umzugskosten=";U$:U=INT(VAL(U$)+.9)
890 PRINT"Mehraufwand für":PRINT"Verpflegung?"
900 N$=INKEY$:IF N$="" THEN 900
910 IF N$<>"J" AND N$<>"N" THEN 890
920 IF N$="N" THEN 1080
930 GOSUB 2210
940 IF R>720 THEN GOSUB 2290 ELSE 970
950 V=3:IF O$="J" THEN V=16
960 PRINT"für wieviel Arbeits-":PRINT"tage=":INPUT W:W1=W*V:
GOTO 1060
970 PRINT"keine Steuerer-":PRINT"mäßigung bei Ab-":PRINT"wes
enheit bis 10 Std"
980 GOSUB 2290
990 IF O$="N"GOTO 1020
1000 V=8
1010 PRINT"für wieviel Arbeits-":PRINT"tage=":INPUT W$:W=VAL
(W$):W1=W*V:GOTO 1060
1020 PRINT"liegt Beschäftigung":PRINT"an ständig wechs.":PRI
NT"Baustellen vor?"
1030 P$=INKEY$:IF P$="" THEN 1030
1040 IF P$<>"J" AND P$<>"N" GOTO 1020
1050 V=5:PRINT"für wieviel Arbeits-":PRINT"tage=":INPUT W$:W
=VAL(W$):W1=W*V
1060 PRINT"steuerfreier Kosten-":PRINT"ersatz=":INPUT X
1070 W1=INT(W1-X+.9):IF W1<0 THEN W1=0
1080 PRINT"Mehraufwand für":PRINT"doppelte Haushalts-":PRINT
"führung?"
1090 Q$=INKEY$:IF Q$="" THEN 1090
1100 IF Q$<>"J" AND Q$<>"N" GOTO 1080
1110 IF Q$="N" THEN 1830
1120 PRINT"entstanden Kosten ":PRINT"für die erste Fahrt":PR
INT"zum Arbeitsort?"
1130 R$=INKEY$:IF R$="" THEN 1130
1140 IF R$<>"J" AND R$<>"N" THEN 1120
1150 IF R$="N" THEN 1210
1160 GOSUB 2330
1170 IF S$="N" THEN 1190
```

```
1180 INPUT"Fahrtkosten=";Y$:Y=VAL(Y$)
1190 GOSUB 2370
1200 Y1=Z1*AA
1210 PRINT"entstanden Kosten ":PRINT"für die letzte Fahrt":P
RINT"zum Arbeitsort?"
1220 T$=INKEY$:IF T$="" THEN 1220
1230 IF T$<>"J" AND T$<>"N" THEN 1210
1240 IF T$="N" THEN 1290
1250 GOSUB 2330
1260 IF S$="N" THEN 1280
1270 INPUT"Fahrtkosten=";Y2$:Y2=VAL(Y2$)>
1280 GOSUB 2370
1290 PRINT"Familienheimfahrten":PRINT"vorhanden?"
1300 U$=INKEY$: IF U$="" THEN 1300
1310 IF U$<>"J" AND U$<>"N" THEN 1290
1320 IF U$="N" THEN 1400
1330 GOSUB 2330
1340 IF S$="N" THEN 1360
1350 INPUT"Fahrtkosten=";Y4
1360 CLS:PRINT"benutztes Fahrzeug:":PRINT"   1 = PKW":PRINT"
2 = Motorrad/-roller"
1370 LOCATE0,0:INPUT Z
1380 Z1=.36:IF Z=2 THEN Z1=.16
1390 AA=0:INPUT"gefahrene km=":AA$:AA=VAL(AA$)
1400 Y5=Z1*AA:Y6=INT(Y+Y1+Y2+Y3+Y4+Y5)
1410 PRINT"Kosten für ":PRINT"Unterkunft?"
1420 V$=INKEY$:IF V$="" THEN 1420
1430 IF V$<>"J" AND V$<>"N" THEN 1410
1440 IF V$="N"THEN 1550
1450 PRINT"Kostenberechnung ":PRINT"nach Pauschalen,":PRINT"
kein Einzelnachweis":INPUT "für wieviel Tage=";AB$:AB=VAL(AB
$)
1460 IF AB>14 THEN 1480
1470 AC=AB*35:GOTO 1490
1480 AC=(14*35)+((AB-14)*8)
1490 CLS:PRINT"Unterkunftskosten":PRINT"(pauschal)=";AC
1500 PRINT"sollen Kosten lt.":PRINT"Einzelnachweis ber.":PRI
NT"werden?"
1510 Y$=INKEY$:IF Y$="" THEN 1510
1520 IF Y$<>"J" AND Y$<>"N" THEN 1500
1530 IF Y$="N"THEN 1550
1540 INPUT"Kosten lt.Einzel=";AC:AC=INT(AC+.9)
1550 PRINT"Verpflegungsmehr-":PRINT"aufwand ?"
1560 W$=INKEY$:IF W$="" THEN 1560
1570 IF W$<>"J" AND W$<>"N" THEN 1550
```

```
1580 IF W$="N" THEN 1800
1590 PRINT"Einzelnachweis=1":PRINT"o.Einzelnachw.=2"
1600 INPUT AD$:AD=VAL(AD$)
1610 IF AD<1 OR AD>2 THEN 1590
1620 IF AD=2 THEN 1760
1630 GOSUB 2440:IF AE>14 THEN 1680
1640 PRINT"Kosten lt. Einzel-":PRINT"nachweis =";AF
1650 AG=AF/AE:AH=AG*.2:IF AH>6 THEN AH=6
1660 AI=AG-AH:IF AI>54 THEN AI=54
1670 AJ=AI*AE
1680 PRINT"Kosten der ersten":PRINT"2 Wochen =";:INPUT AF:AF
=INT(AF+.9)
1690 PRINT"Kosten nach 2Wo. =":INPUT BA:BA=INT(BA+.9)
1700 AG=AF/14:AH=AG*.2:IF AH>6 THEN AG=6
1710 AI=AG-AH:IF AI>54 THEN AI=54
1720 AJ=AI*AE
1730 BB=BA/(AE/14):AH=AG*.2:IF AH>6 THEN AH=6
1740 AI=AG-AH:IF AI>19 THEN AI=19
1750 AJ=AJ+(AI*AE)
1760 GOSUB 2440
1770 IF AE>14 THEN 1790
1780 AJ=AE*35: GOTO 1800
1790 AJ=(14*35)+((AE-14)*14)
1800 DA=Y6+AC+AJ
1810 PRINT"steuerfreier Kosten-":PRINT"ersatz (z.B.Auslös.="
:INPUT DB$:DB=VAL(DB$)
1820 DA=INT(DA-DB+.9)
1830 PRINT"sonstige Werbungsk.=":INPUT DC$:DC=VAL(DC$)
1840 WK=J+K+L+M+N+S1+U+W1+DA+DC
1850 LPRINT"Fahrtkosten:":LPRINT"Wohnung/Arbeitsstätte":LPRI
NT J
1860 LPRINT"Beiträge zu Berufsverb.":LPRINT K
1870 LPRINT"Arbeitsmittel":LPRINT L
1880 LPRINT"Bewerbungskosten":LPRINT M
1890 LPRINT"Fortbildungsk.":LPRINT N
1900 LPRINT"Reisekosten":LPRINT S1
1910 LPRINT"Umzugskosten":LPRINT U
1920 LPRINT"Verpflegungsmehrauf.":LPRINT"10 bzw. 12 Stunden"
:LPRINTW1
1930 LPRINT"Mehraufw. doppelte":LPRINT"Haushaltsführung":LPR
INT DA
1940 LPRINT"sonstige Werbungsk.":LPRINT DC
1950 LPRINT"abzugsf. Werbungsk.":LPRINT WK
1960 END
1970 IF R<421 THEN Q=8.7:RETURN
```

```
1980 IF R<601 THEN Q=14.5:RETURN
1990 IF R<721 THEN Q=23.2:RETURN
2000 Q=29:RETURN
2010 IF R<421 THEN Q=9.3:RETURN
2020 IF R<601 THEN Q=15.5:RETURN
2030 IF R<721 THEN Q=24.8:RETURN
2040 Q=31:RETURN
2050 IF R<421 THEN Q=9.9:RETURN
2060 IF R<601 THEN Q=16.5:RETURN
2070 IF R<721 THEN Q=26.4:RETURN
2080 Q=33:RETURN
2090 IF R<421 THEN Q=10.5:RETURN
2100 IF R<601 THEN Q=17.5:RETURN
2110 IF R<721 THEN Q=28:RETURN
2120 Q=35:RETURN
2130 IF R<421 THEN Q=11.1:RETURN
2140 IF R<601 THEN Q=18.5:RETURN
2150 IF R<721 THEN Q=29.6:RETURN
2160 Q=37:RETURN
2170 IF R<421 THEN Q=11.7:RETURN
2180 IF R<601 THEN Q=19.5:RETURN
2190 IF R<721 THEN Q=31.2:RETURN
2200 Q=39:RETURN
2210 CLS:PRINT"Abwesenheit von ":PRINT"der Wohnung:":Z$="":Z
Z$="":PRINT"  Start mit <RET>"
2220 Q$=INPUT$(1):IF Q$<>CHR$(13) THEN Q$="0":GOTO 2220
2230 PRINT"Uhrzeit z.B.":PRINT" 09.15 oder 13.55"
2240 PRINT"Verlassen der ":INPUT"Wohnung=";Z$
2250 PRINT"Rückkehr zur Wohnung":INPUT ZZ$
2260 Z=VAL(LEFT$(Z$,2)):Z1=VAL(RIGHT$(Z$,2)):Z=(Z*60)+Z1
2270 ZZ=VAL(LEFT$(ZZ$,2)):ZY=VAL(RIGHT$(ZZ$,2)):ZZ=(ZZ*60)+Z
Y
2280 R=ZZ-Z:RETURN
2290 PRINT"Berufskraftfahrer?"
2300 O$=INKEY$:IF O$="" THEN 2300
2310 IF O$<>"J" AND O$<>"N" THEN 2310
2320 RETURN
2330 S$="":PRINT"Fahrt mit öffentl.":PRINT"Verkehrsmitteln?"
2340 S$=INKEY$:IF S$="" THEN 2340
2350 IF S$<>"J" AND S$<>"N" THEN 2330
2360 RETURN
2370 Z=0:PRINT"Benutztes Fahrzeug:":PRINT"1 = PKW"
2380 PRINT"2 = Motorrad/-roller"
2390 INPUT Z
2400 IF Z<1 OR Z>2 THEN 2370
```

```
2410 Z1=.42:IF Z=2 THEN Z1=.18
2420 AA=0:INPUT"gefahrene km=";AA:AA=INT(AA+.9)
2430 RETURN
2440 AE=0:INPUT"Verpflegungsaufw. ":PRINT"für wieviel Tage="
:INPUT AE
2450 RETURN
2460 E$="":PRINT"Liegen weitere ":PRINT"Fahrtkosten Wohn./":
PRINT"Arbeitsst. vor?"
2470 E$=INKEY$:IF E$="" THEN 2470
2480 IF E$<>"J" AND E$<>"N" THEN 2460
2490 RETURN
2500 L$="":PRINT"weiter eintägige":PRINT"Dienstreisen?"
2510 L$=INKEY$:IF L$="" THEN 2510
2520 IF L$<>"J" AND L$<>"N" THEN 2500
2530 RETURN
2540 L$="":PRINT"weiter mehrtägige":PRINT"Dienstreisen?"
2550 L$=INKEY$:IF L$="" THEN 2550
2560 IF L$<>"J" AND L$<>"N" THEN 2540
2570 RETURN
```

10.5 Außergewöhnliche Belastung gemäß § 33 a EStG

Die außergewöhnlichen Belastungen können in drei große Bereiche eingeteilt werden:

a) § 33 EStG
   In diesem Bereich wird von den Aufwendungen nur der Teil berücksichtigt der die zumutbare Belastung übersteigt.
b) § 33 b EStG
   Die Pauschbeträge für Körperbehinderte und für Hinterbliebene werden in diesem Teil behandelt.
c) § 33 a EStG
   Hier sind die übrigen außergewöhnlichen Belastungen erläutert.

Die Programme zur Berechnung der ESt oder LSt (Abschnitt 10.9 und 10.10) enthalten Einzelabfragen zu a) und b), nicht jedoch zum Teil c). Es wird in den Programmen lediglich nach 'Unterstützung u.a.' gefragt. Der dort erforderliche Wert ist mit dem folgenden Programm zu ermitteln.

Zunächst erfolgt eine Berechnung der berücksichtigungsfähigen Unterstützungsaufwendungen. Nach Eingabe der Anzahl der unterstützten Personen wiederholen sich in entsprechender Zahl die Fragen nach:

- Unterhaltsaufwand,
- Unterhaltsaufwand Dritter,
- eigene Einkünfte und Bezüge der unterstützten Person und
- für wieviele Monate liegt die Unterstützung vor.

Im folgenden Programmteil wird die Sendung von Paketen und Päckchen in die DDR und andere in Abschnitt 4.2.3 bezeichnete Länder behandelt. Sowohl die tatsächlichen (nachgewiesenen) Aufwendungen als auch die Pauschalen von 40,-- DM bzw. 30,-- DM können bei der Berechnung erfaßt werden. Eine entsprechende Verzweigung ist eingearbeitet. Es sollte jedoch die Grenze von 3600,-- DM je Jahr und Person beachtet werden, da eine programmgesteuerte Überprüfung in diesem Teil nicht erfolgt. Der Aufwand je Paket ist auf 200,-- DM beschränkt. Diese Begrenzung ist ebenfalls durch den Anwender zu beachten.

Soweit der Einstieg in den Programmteil 'Besuch aus der DDR' gewählt wird, ist die Eingabe folgender Werte erforderlich:

- Anzahl der Personen und
- Anzahl der Besuchstage.

Programmgesteuert werden dann je Person und Tag 10,-- DM berücksichtigt.

Im Programmbereich 'Besuch in der DDR' wird lediglich nach der Anzahl der Reisen gefragt, da je Reise 50,-- DM zu erfassen sind.

Wenn Unterhaltszahlungen an 'Zahlkinder' gegeben sind, wird durch Eingabe der Anzahl der Zahlkinder im Rahmen einer Schleife je Kind die Frage gestellt, 'für wieviele Monate' die Zahlungen erfolgen. Je Monat werden 50,-- DM, unabhängig von der Höhe der tatsächlich gezahlten Beträge steuerlich berücksichtigt.

Wie bereits in Abschnitt 4.2.4 erläutert wurde, ist die Höhe des Ausbildungsfreibetrages von verschiedenen Voraussetzungen abhängig. Im Programmteil 'Ausbildungsfreibetrag' sind daher folgende Fragen zu beantworten:

- Zahl der Kinder, die in Ausbildung sind,
- wird Kindergeld für das Kind gewährt,
- Alter > 17,
- Unterbringung beim Stpfl. oder auswärts,
- eigene Einkünfte und Bezüge des Kindes,
- Beträge, die nach dem BAFöG gewährt werden und
- für wieviele Monate sind die Voraussetzungen gegeben.

Programmgesteuert erfolgt dann je Kind die Berechnung des Ausbildungsfreibetrages. Soweit mehrere Beträge zu gewähren sind, werden die Fragen je Kind wiederholt und die Freibeträge programmgesteuert addiert. Unter anderem ist hier zu beachten, ob Berechnungen für 1983 oder 1984 vorliegen. Je nach Eingabe der Jahres werden programmgesteuert die in diesem Jahr gültigen Beträge berücksichtigt.

Abschließend wird die steuerliche Vergünstigung für eine Haushaltshilfe oder für Heimunterbringung berechnet (siehe auch Abschnitte 4.2.1 und 4.2.2). Einzugeben sind die Höhe der 'Aufwendungen' und 'für wieviele Monate' die Voraussetzungen vorliegen.

Als Ergebnis werden die einzelnen Programmbereiche mit dem abzugsfähigen Betrag ausgegeben, soweit der jeweilige Programmbereich bearbeitet wurde. Wenn im Laufe des Programms z.B. die Frage 'Ausbildungsfreibetrag J=1/N=2' mit '2' beantwortet wurde, wird beim Ausdruck des Ergebnisses nichts zum Ausbildungsfreibetrag angezeigt. Die einzelnen Positionen

- Unterhalt Angehörige,
- DDR-Pakete, Päckchen,
- Besuch aus der DDR,
- Besuch in der DDR,
- Unterhalt Zahlkinder,
- Ausbildungsfreibetrag und
- Haushaltshilfe / Heim

werden addiert und abschließend unter der Bezeichnung 'Summe' ausgewiesen. Dieser Betrag ist in den Hauptprogrammen zu 10.9 und 10.10 unter 'Unterhalt u.a.' einzugeben.

Variablenliste:

AB = außergewöhnliche Belastung gemäß § 33 a EStG
AD = Aufwandspauschale für Besuch aus der DDR
AF% = Ausbildungsfreibetrag J=1/N=2
AHH = Aufwand für Haushaltshilfe
ANS% = für Pakete / Päckchen Einzelnachweis=1 oder Pauschale=2
AUF = Aufwand für Pakete / Päckchen
BAF = BAFöG
DA% = Besuch aus der DDR J=1/N=2
DDR% = Pakete / Päckchen in die DDR J=1/N=2
DP = Personenzahl, Besuch aus der DDR
DT = Besuchstage, Besuch aus der DDR
HH% = Aufwand für Haushaltshilfe J=1/N=2
ID% = Besuch in der DDR J=1/N=2
IR = Zahl der Besuchsreisen in die DDR (*50)
J = Kalenderjahr
K = Kinderzahl
KA% = Alter > 17 J=1/N=2
KB% = Unterbringung: 1=beim Stpfl. oder 2=auswärts
KC = Ausbildungsfreibetrag
KG% = Kindergeld J=1/N=2

KU = Freibetrag für Zahlkinderunterhalt, Summe
K2 = Zwischenwert
K3 = Zwischenwert
K4 = abzugsfähiger Ausbildungsfreibetrag je Kind
K5 = Summe der abzugsfähigen Ausbildungsfreibeträge
PAK = Zahl der Pakete (*40)
PEK = Zahl der Päckchen (*30)
UD = Unterhaltsaufwand Dritter
UE = eigene Einkünfte und Bezüge
UF = Unterhaltsfreibetrag (3600)
UH = Unterhaltsaufwand
UK = Freibetrag für Zahlkinderunterhalt je Kind
UN% = Unterhaltsaufwand J=1/N=2
UP = Zahl der unterstützten Personen
US = abzugsfähiger Unterhalt
U1 = Zwischenwert
U2 = Zwischenwert
U3 = Zwischenwert
WM = Voraussetzungen für wieviele Monate erfüllt
Z = Schleifenzähler
ZK% = Unterhalt für Zahlkinder J=1/N=2

```
10 WIDTH20,80:GOSUB 1000
20 PRINT "Unterhaltsaufwen-": PRINT "dungen J=1/N=2 ";: INPU
T UN$: UN%=VAL(UN$)
30 IF UN%<1 OR UN%>2 THEN 20
40 CLS: IF UN%=2 THEN 170
50 PRINT "Zahl der unter-": INPUT "stützten Personen =", UP$
: UP=VAL(UP$)
60 FOR Z=1 TO UP
70 CLS: PRINT "Werte für Person"; Z
80 INPUT "Unterhaltsaufwand = ", UH$: UH=VAL(UH$)
90 PRINT "Unterhaltsaufwand": INPUT "Dritter = ", UD$: UD=VA
L(UD$)
100 GOSUB 900
110 GOSUB 850: IF UH=0 THEN 160
120 UF=3600: IF UH<3600 THEN UF=UH
130 U2=UE-4200: IF U2<0 THEN U2=0
140 UF=UF-U2: U1=UF*UH/(UH+UD): U3=INT((U1*WM/12)+.9): IF U3
<0 THEN U3=0
150 US=US+U3
160 NEXT Z
170 CLS: PRINT "Pakete/Päckchen in": PRINT "die DDR J=1/N=2
";: INPUT DDR$: DDR%=VAL(DDR$)
180 IF DDR%<1 OR DDR%>2 THEN 170
190 IF DDR%=2 THEN 260
200 CLS: PRINT "Ansatz:": PRINT "1=Einzelnachweis": PRINT "2
=pauschal ";: INPUT ANS$: ANS%=VAL(ANS$)
210 IF ANS%<1 OR ANS%>2 THEN 200
220 IF ANS%=2 THEN 240
230 INPUT "Aufwendungen = ", AUF$: AUF=VAL(AUF$): GOTO 260
240 INPUT "Zahl der Pakete = ", PAK$: PAK=VAL(PAK$): PAK=PAK
*40
250 INPUT "Zahl der Päckchen = ", PEK$: PEK=VAL(PEK$): PEK=P
EK*30: AUF=PAK+PEK
260 CLS: PRINT "Besuch aus der DDR": PRINT "J=1/N=2 ";: INPU
T DA$:DA%=VAL(DA$)
270 IF DA%<1 OR DA%>2 THEN 260
280 IF DA%=2 THEN 320
290 INPUT "Anzahl der Personen = ", DP$: DP=VAL(DP$)
300 PRINT "Anzahl der Besuchs-": INPUT "tage = ", DT$: DT=VA
L(DT$)
310 AD=DP*DT*10
320 CLS: PRINT "Besuch in der DDR": PRINT "J=1/N=2 ";: INPUT
 ID$: ID%=VAL(ID$)
330 IF ID%<1 OR ID%>2 THEN 320
```

```
340 IF ID%=2 THEN 370
350 PRINT "Anzahl der Reisen";: INPUT " in die DDR = ", IR$:
IR=VAL(IR$)
360 IR=IR*50
370 CLS: PRINT "Unterhalt für Zahl-": PRINT "kinder J=1/N=2
";: INPUT ZK$: ZK%=VAL(ZK$)
380 IF ZK%<1 OR ZK%>2 THEN 370
390 IF ZK%=2 THEN 450
400 GOSUB 880
410 FOR Z=1 TO K
420 CLS: PRINT Z; ". Kind:": GOSUB 850
430 UK=600/12*WM: KU=KU+UK
440 NEXT Z
450 CLS: PRINT "Ausbildungsfreibe-": PRINT "trag J=1/N=2 ";:
 INPUT AF$: AF%=VAL(AF$)
460 IF AF%<1 OR AF%>2 THEN 450
470 IF AF%=2 THEN 700
480 GOSUB 880
490 FOR Z=1 TO K
500 CLS: PRINT Z; ". Kind:"
510 PRINT "Kindergeld J=1/N=2 ";: INPUT KG$: KG%=VAL(KG$)
520 IF KG%<1 OR KG%>2 THEN 510
530 IF KG%=2 THEN 680
540 PRINT "Alter >17  J=1/N=2 ";: INPUT KA$: KA%=VAL(KA$)
550 IF KA%<1 OR KA%>2 THEN 540
560 PRINT "Unterbringung:": PRINT "1=beim Stpfl.": PRINT "2=
auswärts ";: INPUT KB$: KB%=VAL(KB$)
570 IF KB%<1 OR KB%>2 THEN 560
580 GOSUB 900
590 INPUT "BAFöG = ",BAF$: BAF=VAL(BAF$)
600 GOSUB 850
610 IF KA%=2 AND KB%=2 THEN KC=KC1
620 IF KA%=1 AND KB%=1 THEN KC=KC2
630 IF KA%=1 AND KB%=2 THEN KC=KC3
640 K3=UE-2400: IF K3<0 THEN K3=0
650 K4=KC-K3-BAF: IF K4<0 THEN K4=0
660 K4=INT((K4*WM/12)+.9)
670 K5=K5+K4
680 NEXT Z
690 CLS: PRINT "Haushaltshilfe oder": PRINT "Heimunterbringu
ng": PRINT "J=1/N=2 ";: INPUT HH$: HH%=VAL(HH$)
700 IF HH%<1 OR HH%>2 THEN 690
710 IF HH%=2 THEN 740
720 INPUT "Aufwand = ", AHH$: AHH=VAL(AHH$): IF AHH>1200 THE
N AHH=1200
```

```
730 GOSUB 850: AHH=AHH/12*WM
740 AB=INT(US+AUF+AD+IR+KU+K5+AHH+.9)
750 LPRINT "abzugsfähig:"
760 IF UN%=1 THEN LPRINT "Unterhalt Angehörige =": LPRINT US
770 IF DDR%=1 THEN LPRINT "DDR-Pakete, -Päckchen =": LPRINT
AUF
780 IF DA%=1 THEN LPRINT "Besuch aus der DDR =": LPRINT AD
790 IF ID%=1 THEN LPRINT "Besuch in der DDR =": LPRINT IR
800 IF ZK%=1 THEN LPRINT "Unterhalt Zahlkinder =": LPRINT KU
810 IF AF%=1 THEN LPRINT "Ausbildungsfreibetrag =": LPRINT K
5
820 IF HH%=1 THEN LPRINT "Haushaltshilfe / Heim =": LPRINT A
HH
830 LPRINT "Summe = "; AB
840 END
850 INPUT "für wieviele Monate gegeben = ", WM$: WM=VAL(WM$)
860 IF WM<0 OR WM>12 THEN 850
870 RETURN
880 INPUT "Zahl der Kinder = ", K$: K=VAL(K$)
890 RETURN
900 PRINT "eigene Einkünfte": INPUT "u. Bezüge = ", UE$: UE=
VAL(UE$)
910 RETURN
1000 CLS:PRINT"Berechnung für 19.."
1010 PRINT"Eingabe 83 und 84":PRINT"zulässig"
1020 INPUT"Jahreszahl";J$:J=VAL(J$)
1030 IF J<83 OR J>84 THEN CLS:GOTO 1010
1040 IF J=83 THEN KC1=1800:KC2=2400:KC3=4200 ELSE KC1=900:KC
2=1200:KC3=2100
1050 RETURN
```

10.6 Bausparprämie

Die Eingabe folgender Werte ist zur Berechnung der Bausparprämie erforderlich:

- Kalenderjahr 83 oder 84,
- Familienstand,
- Kinderzahl,
- Zahl der Zahlkinder,
- zu versteuerndes Einkommen 1982 bzw. 1983 und
- Sparleistung 1983 bzw. 1984

Das Programm berechnet nach Eingabe dieser Werte entweder die Höhe der Prämie und zeigt die Ermittlung an oder es wird die Feststellung ausgegeben, daß das zu versteuernde Einkommen zu hoch ist und daher eine Prämie nicht zu gewähren ist.

Im Rahmen der Eingabe der o. g. Werte ist bei der Frage nach den 'Sparleistungen' darauf zu achten, daß hier die berücksichtigungsfähigen Sparleistungen zu nennen sind. Berücksichtigt werden:

- laufende Bausparbeiträge,
- Sonderzahlungen zur Ansparung,
- Guthabenzinsen und
- Abschlußgebühren.

Die vermögenswirksamen Leistungen und die gezahlten Bausparprämien sind z.B. keine begünstigten Sparleistungen. Sollte bereits ein Kontoauszug der Bausparkasse vorliegen, so ist der Wert begünstigte 'Sparleistung' im Auszug gesondert ausgewiesen und kann dem Auszug entnommen werden. Andernfalls muß der Wert zunächst ermittelt werden.

Sollte nun die Höhe der Prämie vorliegen, so kann mit Hilfe des Programms in Abschnitt 10.9 bzw. 10.10 die steuerliche Auswirkung berechnet werden.

Die steuerliche Auswirkung ist ersichtlich, wenn die Einkommensteuer einmal mit den Bausparbeiträgen als Sonderausgabe und einmal ohne diese Sonderausgabe berechnet wird. Ein Vergleich der Ergebnisse verdeutlicht die mögliche Steuerminderung und erleichtert somit die Entscheidung, ob Prämie oder Sonderausgabenabzug gewählt werden sollte.

Variablenliste:

```
B     = Höchstbetrag des zu versteuernden Einkommens
BP    = Bausparprämie in DM
D     = 24.000 (Grundbetrag des zu versteuernden Einkommens)
HSPAR = Höchstbetrag der begünstigten Sparleistung
J     = Kalenderjahr
KZ%   = Kinderzahl
P     = Bausparprämie in %
SPAR  = Sparleistung
TAB%  = Familienstand
ZK%   = Zahlkinder
ZVE   = zu versteuerndes Einkommen
```

```
10 CLS:PRINT"Familienstand:":PRINT"1=ledig":PRINT"2=verheira
tet ";:INPUT TAB$:TAB%=VAL(TAB$)
20 IF TAB%<1 OR TAB%>2 THEN 10
30 CLS:PRINT"Berechnung für 19.."
40 PRINT"Eingabe 83 und 84":PRINT"zulässig"
50 INPUT"Jahreszahl";J$:J=VAL(J$)
60 IF J<83 OR J>84 THEN CLS:GOTO 40
70 PRINT"Kinderzahl ";:INPUT KZ$:KZ%=VAL(KZ$)
80 CLS:PRINT"Zahlkinder ";:INPUT ZK$:ZK%=VAL(ZK$)
90 PRINT"zu verst. Einkommen":PRINT"für 19";J-1;:INPUT ZVE$:
ZVE=VAL(ZVE$)
100 CLS:PRINT"Sparleistung für":PRINT"19";J$;:INPUT SPAR$:SP
AR=VAL(SPAR$)
110 D=24000
120 B=(D*TAB%)+(KZ%*1800)+(ZK%*900)
130 P=14+(KZ%*2)
140 HSPAR = 800*TAB%
150 IF SPAR>HSPAR THEN SPAR=HSPAR
160 BP=INT((SPAR*P/100)+.9)
170 IF ZVE>B THEN PRINT" Zu verst. Eink.";:PRINT"ist zu hoch
 (über"; B; "DM), daher":PRINT"Prämie = 0,-- DM":LOCATE0,0:E
ND
180 PRINT"Prämie =":PRINT SPAR;"DM *";P;"% =":PRINT BP;"DM"
190 END
```

10.7 Berechnung der Einkommen- und Kirchensteuer (Tabelle)

Zu diesem Programm sind kaum Erläuterungen erforderlich, da es sich durch den Dialog selbst erklärt. Es handelt sich zum Teil um das Programm aus Abschnitt 10.9 bzw. 10.10. Dieses Programm ist auf den Tabellenteil abgestellt. Die Abfragen zur Ermittlung des zu versteuernden Einkommens fehlen. Das zu versteuernde Einkommen ist eine der einzugebenden Größen. Das Programm ermittelt die steuerliche Belastung (ESt und KiSt). Berechnungen für 1983 und 1984 sind bei diesem Programm identisch.

Anwendungsbeispiel:
Der Anwender hat das zu versteuernde Einkommen und die ESt und KiSt 1984 mit Hilfe des Programms in Abschnitt 10.10 ermittelt. Eine Vergleichsrechnung soll durchgeführt werden. Wie hoch ist die Steuerersparnis wenn die Werbungskosten aus Vermietung und Verpachtung um 6500,-- DM durch eine größere Reparatur erhöht werden und sich das zu versteuernde Einkommen um diesen Betrag von 6.500,-- DM mindert. Alle übrigen Werte (Sonderausgaben, ...) sollen unverändert bleiben. Nun ist es nicht erforderlich die Vielzahl der Abfragen des Programms 10.10 zur Ermittlung des zu versteuernden Einkommens zu wiederholen. Das Programm in diesem Abschnitt geht vom zu versteuernden Einkommen aus und erfordert damit erheblich weniger Eingaben und zeigt die geringere Steuerschuld in kürzerer Zeit an.

Es sollte jedoch insbesondere der steuerliche 'Laie' darauf achten, daß die Änderung verschiedene Werte Folgewirkungen auf andere Werte bei der Ermittlung des zu versteuernden Einkommens haben.

Beispiel: Das zu versteuernde Einkommen wurde ermittelt. Es soll nun festgestellt werden, um wieviel sich die ESt erhöht, wenn sich der Bruttoarbeitslohn um 1.200,-- DM erhöht.
Es sollte hier geprüft werden, ob die Sonderausgaben sich dadurch erhöhen. Die Höchstbetragsberechnung der Sonderausgaben bzw. die Höhe der Vorsorge-Pauschale hängt vom Bruttoarbeitslohn ab.

Auf eine Variablenliste wird an dieser Stelle verzichtet, da die benutzten Variablen beim Programm 10.10 identisch sind.

```
10 WIDTH20,40
20 DEFDBLA,B,K,S,Y,Z
30 CLS: PRINT"allgem. Eingaben:"
40 PRINT"1=ledig":PRINT"2=verh.":INPUT TAB%:TAB1%=TAB%:IF TA
B%<1 OR TAB%>2 THEN 40
50 IF TAB%=1 THEN 80
60 INPUT"Konfes.EM  ",KONEM$:IF LEFT$(KONEM$,2)<>"EV"ANDLEFT
$(KONEM$,2)<>"RK"AND LEFT$(KONEM$,2)<>"VD" THEN PRINT"EV,RK
ODER VD":GOTO60
70 IF KONEM$="EV" THEN KONEM%=1:ELSE IF KONEM$="RK" THEN KON
EM%=2 ELSE KONEM%=3
80 INPUT"Kinderzahl ",KZ%
90 INPUT"Zahlkinder ",ZK%
100 IFTAB%=1THENKONEF%=KONEM%:GOTO160
110 INPUT"Konfes.EF  ",KONEF$:IF LEFT$(KONEF$,2)<>"EV"ANDLEF
T$(KONEF$,2)<>"RK"AND LEFT$(KONEF$,2)<>"VD" THEN PRINT"EV,RK
 ODER VD":GOTO110
120 IF KONEM$="EV" THEN KONEM%=1:ELSE IF KONEM$="RK" THEN KO
NEM%=2 ELSE KONEM%=3
130 IFKONEM%=KONEF%THEN160
140 PRINT"Gesamtbetrag der":INPUT"Einkünfte EM =",GDEEM
150 PRINT"Gesamtbetrag der":INPUT"Einkünfte EF =",GDEEF
160 INPUT "zu verst.Einkommen",ZVE
170 IFKONEM%=KONEF% THEN GOSUB180:GOTO320ELSEGOSUB180:GOTO32
0
180 A=10000:B=1000
190 IF ZVE < 0 THEN ZVE=0
200 IF TAB% = 2 THEN ZVE=ZVE/2
210 ZVE=INT(ZVE/54)*54
220 Y=(ZVE-18*B)/A:Y=INT(Y*A*10)/(A*10)
230 Z=(ZVE-6*A)/A:Z=INT(Z*A*10)/(A*10)
240 IF ZVE<4213 THEN S=0:GOTO290
250 IF ZVE<18001 THEN S=.22* ZVE-926:GOTO290
260 IF ZVE<6*A THEN S=FIX(FIX(FIX(FIX(3.05*B*Y)-73.76*B)*Y+6
95*B)*Y+2200*B)/B*Y+3034:GOTO290
270 IF ZVE<13*A THEN S=FIX(FIX(FIX(FIX(.09*B*Z)-5.45*B)*Z+88
.13*B)*Z+5040*B)/B*Z+20018:GOTO290
280 S=.56*ZVE-14837
290 S=INT(S)
300 IF TAB%=2 THEN S=S*2:ZVE=ZVE*2
310 RETURN
320 IF S<0 THEN S=0
325 ST=S:STEUER=S
330 IF TAB1%=1 OR KONEM%=KONEF% THEN 390
```

```
340 ZVE=GDEEM:TAB%=1:GOSUB180:ST1=S
350 ZVE=GDEEF:TAB%=1:GOSUB180:ST2=S
360 ST3=ST1+ST2
370 KIPEM=ST1/ST3*100
380 KIPEF=ST2/ST3*100
390 IF KZ%=1 THEN KIA=600
400 IF KZ%=2 THEN KIA=1560
410 IF KZ%>2 THEN KIA=1560+((KZ%-2)*1800)
420 ST=ST-KIA:IF ST<0 THEN ST=0
430 KIST=ST*9/100:IF TAB%=1 THEN KISTEM=INT(KIST)
440 IF KONEM%=KONEF% THEN470
450 KISTEM=KIST*KIPEM/100:IF KONEM%=3 THEN KISTEM=0
460 KISTEF=KIST*KIPEF/100:IF KONEF%=3 THEN KISTEF=0
470 LPRINT"Steuer =";STEUER
480 IF KONEM%=KONEF% THEN 510
490 LPRINT"KiSt EM=";INT(KISTEM):IF TAB1%=1 THEN END
500 LPRINT"KiSt EF=";INT(KISTEF):END
510 LPRINT"KiSt  =";INT(KIST)
520 END
```

10.8 Sonderausgaben

Auch dieses Programm erklärt sich durch den Dialog selbst. Es handelt sich zum Teil um Abschnitte aus den Programmen zu 10.9 und 10.10. Die Eingabe der Jahreszahl ist erforderlich, da sich unterschiedliche Werte ergeben können.

Dieses Programm eignet sich besonders zur Durchführung von Vergleichsrechnungen im Bereich der Sonderausgaben. Es sollen hier die umfangreichen Abfragen des Programms 10.9 und 10.10 vermieden werden und damit schneller die Auswirkungen gezeigt werden.

Anwendungsbeispiel:

Ein Steuerpflichtiger will überprüfen, ob sich die Erhöhung einer Versicherungsprämie (z.B. Lebensversicherung) steuerlich auswirkt. Die Erhöhung der Versicherungsaufwendungen, die als Sonderausgaben abzugsfähig sind, haben nicht immer eine Minderung der ESt oder LSt zur Folge. Die Versicherungsbeiträge zählen zu den beschränkt abzugsfähigen Sonderausgaben (vgl. Abschnitt 3.2 Vorsorgeaufwendungen).

Auf eine Variablenliste wird hier verzichtet, da die Variablen im Abschnitt 10.9 und 10.10 mit den Variablen dieses Programms identisch sind.

```
10 CLS:PRINT"allgem. Eingaben:":FOR I=1 TO 500:NEXT
20 CLS:PRINT"Berechnung für 19.."
30 PRINT"Eingabe 83 und 84":PRINT"zulässig"
40 INPUT"Jahreszahl";J$:J=VAL(J$)
50 IF J<83 OR J>84 THEN CLS:GOTO 30
60 IF J=83 THEN BBG=60000:BBG1=5400ELSE BBG=62400:BBG1=5616
70 PRINT"1=ledig":PRINT"2=verh.":INPUT TAB%:IF TAB%<1 OR TAB
%>2 THEN 70
80 INPUT"Geb.datum EM  ",ALTEREM$
90 IF LEN(ALTEREM$) <>6 OR VAL(LEFT$(ALTEREM$,2))>31 OR VAL(
MID$(ALTEREM$,3,2))>12 THEN PRINT "TTMMJJ":GOTO80
100 ALTEREM=VAL(RIGHT$(ALTEREM$,2)+MID$(ALTEREM$,3,2)+LEFT$(
ALTEREM$,2))
110 INPUT"Kinderzahl ",KZ%
120 INPUT"Zahlkinder ",ZK%
130 IF TAB%=1 THEN ALTEREF=999999:GOTO 200
140 INPUT"Geb.datum EF  ",ALTEREF$
150 IF LEN(ALTEREF$) <>6 OR VAL(LEFT$(ALTEREF$,2))>31 OR VAL
(MID$(ALTEREF$,3,2))>12 THEN PRINT "TTMMJJ":GOTO140
160 ALTEREF=VAL(RIGHT$(ALTEREF$,2)+MID$(ALTEREF$,3,2)+LEFT$(
ALTEREF$,2))
170 CLS:PRINT"hat der":PRINT"Ehegatte auch ":PRINT"Einkünfte
 J/N"
180 INPUT EEF$
190 IF EEF$ <>"J" AND EEF$ <>"N" THEN 170
200 CLS:PRINT:PRINT"Einkünfte":PRINT"des Ehemannes"
210 FOR I=1 TO 500:NEXT
220 GOSUB280:BLEM=BL:VBEM=VB:KRVEM%=KRV%
230 IF TAB%=1 OR EEF$<>"J" THEN BBLEF=0:KRVEF%=KRVEM%:GOTO 3
60
240 CLS:PRINT:PRINT"Einkünfte":PRINT"der Ehefrau"
250 FOR I=1 TO 500:NEXT I
260 GOSUB280:BLEF=BL:VBEF=VB:KRVEF%=KRV%
270 GOTO360
280 BL=0:VB=0
290 CLS:PRINT"Bruttoarbeitsl.
300 INPUTBL
310 PRINT"Versorgungsbez.
320 INPUTVB
330 CLS:PRINT"Kranken- und":PRINT"Rentenvers.frei?":PRINT"1=
ja / 2=nein"
340 INPUTKRV%:IF KRV%<1 OR KRV%>2 THEN 330
350 RETURN
360 CLS:PRINT"unbeschränkt":PRINT"abzgsf. Sonderausg.":INPUT
```

```
" ",SA1
370 CLS:PRINT"Arbeitnehmer-Anteil":PRINT"zur Sozialvers.":IN
PUT"EM =",ANEM
380 CLS:IF TAB%=2 AND EEF$="J" THEN PRINT"Arbeitnehmer-Antei
l":PRINT"zur Sozialvers.":INPUT"EF =",ANEF
390 CLS:PRINT"Arbeitgeber-Anteil":PRINT"zur Rentenvers.":INP
UT"EM =",AGEM
400 CLS:IF TAB%=2 AND EEF$="J" THEN PRINT"Arbeitgeber-Anteil
":PRINT"zur Rentenvers.":INPUT"EF =",AGEF
410 CLS:PRINT"andere Versiche-":INPUT"rungen =",SA
420 CLS:PRINT"Bauspar-":INPUT"beiträge =",BSP
430 VFBEM=INT(VBEM*.4):IF VFBEM>4800 THEN VFBEM = 4800
440 VFBEF=INT(VBEF*.4):IF VFBEF>4800 THEN VFBEF = 4800
450 IF ALTEREM<190102 THEN ALTEREM=2 ELSE ALTEREM=1
460 IF ALTEREF<190102 THEN ALTEREF=2:ELSE ALTEREF=1
470 IF(ALTEREM=2)AND(ALTEREF=2) THEN GOSUB510:GOSUB 540:GOTO
570
480 IF(ALTEREM=2)AND(ALTEREF=1)THEN GOSUB 540:GOTO570
490 IF(ALTEREM=1)AND(ALTEREF=2)THEN GOSUB 510:GOTO570
500 GOTO 570
510 AEEF=INT(BLEF*.4)
520 IF AEEF>3000 THEN AEEF=3000
530 RETURN
540 AEEM=INT(BLEM*.4)
550 IF AEEM>3000 THEN AEEM=3000
560 RETURN
570 WF=600
580 IF ALTEREM=2 THEN IF BLEM>7500 THEN AEEM1=3000 ELSE AEEM
1=CINT(BLEM*.4)
590 BBLEM=BLEM+VBEM-VFBEM-WF-AEEM1:IF BBLEM>BBG THEN BBLEM=B
BG
600 BBLEM=BBLEM/100*9:BBLEM=CINT(BBLEM)
610 IF BBLEM<0 THEN BBLEM=0
620 IF TAB%=2 AND BLEF<0 THEN 660
630 IF ALTEREF=2 THEN IF BLEF>7500 THEN AEEF1=3000 ELSE AEEF
1=CINT(BLEF*.4)
640 BBLEF=BLEF+VBEF-VFBEF-WF-AEEF1:IF BBLEF>BBG THEN BBLEF=B
BG
650 BBLEF=BBLEF/100*9:BBLEF=CINT(BBLEF)
660 IF BBLEF<0 THEN BBLEF=0
670 IF TAB%=1 THEN IF KRVEM%=1 THEN GOSUB 760:GOSUB 790:GOSU
B 820:GOSUB 930:GOTO 1100 ELSE GOSUB 760:GOSUB 850:GOTO 1100
680 IF KRVEM%=2 AND KRVEF%=2 THEN GOSUB 760:GOSUB850:GOTO110
0
690 IF KRVEM%+KRVEF% = 2 THEN GOSUB 790:GOSUB 890:GOTO1100
```

```
700 IF KRVEM%=1 THEN GOSUB 760:GOSUB 790:GOSUB 820:GOSUB 930
:GOTO 1100
710 IF KRVEF%=1 THEN GOSUB 760:GOSUB 790:GOSUB 820
720 SWAP BBLEM,BBLEF
730 GOSUB 930
740 SWAP BBLEM,BBLEF
750 GOTO 1100
760 VSPMAX1=(2340*TAB%)+(600*KZ%)+(300*ZK%)
770 VSPMAX2=VSPMAX1*.5
780 RETURN
790 VSPMAX3=(1000*TAB%)+(600*KZ%)+(300*ZK%)
800 VSPMAX4=(VSPMAX3*.5)+(500*TAB%)
810 RETURN
820 VSPMAX5=1000+(600*KZ%)+(300*ZK%)
830 VSPMAX6=(VSPMAX5*.5)+500
840 RETURN
850 BBL=BBLEM+BBLEF
860 IF BBL>VSPMAX1 THEN HB1=VSPMAX1 ELSE HB1=BBL
870 IF BBL>VSPMAX2 THEN HB2 = VSPMAX2 ELSE HB2 = BBL
880 VSP=HB1+HB2:RETURN
890 BBL=BBLEM+BBLEF
900 IF BBL>VSPMAX3 THEN HB3=VSPMAX3 ELSE HB3 = BBL
910 IF BBL>VSPMAX4 THEN HB4=VSPMAX4 ELSE HB4 = BBL
920 VSP=HB3+HB4:RETURN
930 IF BBLEM>VSPMAX3 THEN HB3 = VSPMAX3 ELSE HB3=BBLEM
940 IF BBLEM>VSPMAX4 THEN HB4 = VSPMAX4 ELSE HB4=BBLEM
950 HB3=HB3+HB4
960 IF BBLEM>VSPMAX1 THEN HB1 = VSPMAX1 ELSE HB1 = BBLEM
970 IF BBLEM>VSPMAX2 THEN HB2 = VSPMAX2 ELSE HB2 = BBLEM
980 HB1=HB1+HB2
990 IF BBLEM>VSPMAX5 THEN HB5 = VSPMAX5 ELSE HB5 = BBLEM
1000 IF BBLEM>VSPMAX6 THEN HB6 = VSPMAX6 ELSE HB6 = BBLEM
1010 HB5=(BBLEF*2)+HB5+HB6
1020 HB6=HB5-VSPMAX1
1030 IF HB6<0 OR HB6 = 0 THEN HB7=HB5:GOTO1060 ELSE HB7=VSPM
AX1
1040 HB6=HB5-HB7
1050 IF HB6*.5<VSPMAX2 THEN HB8=HB6*.5 ELSE HB8 = VSPMAX2
1060 VSP=HB7+HB8
1070 IF VSP<HB3 THEN VSP=HB3
1080 IF VSP<300 * TAB% THEN VSP = 300*TAB%
1090 RETURN
1100 VSP=INT(VSP/54)*54
1110 VWA=3000*TAB%
1120 SA=SA+ANEM+ANEF:SA2=SA:IF SA=0 THEN 1260
```

```
1130 IF KRVEM%=1 THEN AGEM=BLEM/100*9:IF AGEM>BBG1 THEN AGEM
 = BBG1
1140 IF KRVEF%=1 THEN AGEF=BLEF/100*9:IF AGEF>BBG1 THEN AGEF
 = BBG1
1150 VWA=VWA-(AGEM+AGEF):IF VWA<0 THEN VWA=0
1160 SA=SA-VWA:IF SA<=0 THEN VWA=VWA+SA:AA=VWA:GOTO1250
1170 AA=VWA
1180 SA=SA+BSP
1190 HB1=(2340*TAB%)+(600*KZ%)+(300*ZK%)
1200 HB2=HB1*.5
1210 SA=SA-HB1:IF SA<0 THEN AB=SA+HB1:GOTO1250
1220 AB=HB1
1230 SA=SA*.5-HB2:IF SA<0 THEN AC=SA+HB2:GOTO1250
1240 AC=HB2
1250 SA=AA+AB+AC
1260 IF VSP>SA THEN SA = VSP
1270 SA=INT(SA+.5)
1280 IF SA1<270*TAB% THEN SA1=270*TAB%
1290 LPRINT"Sonderausgaben":LPRINT"--------------"
1300 LPRINT"unbeschränkt":LPRINT"abzugsfähige =";:LPRINT SA1
1310 LPRINT"beschränkt abzugsfähige =";:LPRINT SA
```

10.9 Lohnsteuerjahresausgleich

Das Programm zur Errechnung des Erstattungsbetrages beim Lohnsteuerjahresausgleich ist ähnlich dem Programm zur Ermittlung der Einkommen- und Kirchensteuer aufgebaut.

Da Variablen, mit wenigen Ausnahmen in beiden Programmen gleich bezeichnet wurden, wird auf die Variablenliste in Abschnitt 10.10 verwiesen.

Auch bei diesem Programm mußte auf die Begrenzung der Kapazität geachtet werden. Da dieses Programm ohne Nachladung weiterer Programmteile lauffähig sein sollte, erwartet der Rechner nun auf alle Fälle eine Eingabe. Diese Eingabe ist immer mit 'Return' abzuschließen.

Besonderheiten:

Auf die Frage der Religionszugehörigkeit ist nur mit EV, RK oder VD (wenn keine Religionszugehörigkeit zur ev. oder rk. Kirche vorliegt) zu antworten.

Für Blinde und pflegebedürftige Körperbehinderte ist der Freibetrag von 7200,-- DM durch die Eingabe 300 möglich (vgl. Seite 56).

Wegen der unterschiedlichen Kirchensteuersätze in den einzelnen Bundesländern wird auf die Änderung des Prozentsatzes in diesem Programm in Zeile 2570 hingewiesen (9 in 8 ändern).

Variablen-Liste (soweit von 10.10 abweichend)

```
B         = Zwischenwert
SPAR      = Sparzulage
SPAREF    = Sparzulage EF
SPAREM    = Sparzulage EM
Vertrag%  = Abfrage Spar- oder Bausparvertrag EF + EM
VML       = vermögenswirksame Leistung
VMLEF     = vermögenswirksame Leistung EF
VMLEM     = vermögenswirksame Leistung EM
```

```
10 CLEAR200,0
20 WIDTH20,4
30 DEFDBLA,B,E,G,H,K,L,N,P,R,S,U,V,W,Z
40 PRINT"Lohnsteuerberechnungfür welches Jahr ?":INPUT"19.."
;YY$:YY=VAL(YY$):IF YY<83 OR YY>84 THEN 40 ELSE IF YY=83 THE
N BBG=60000 ELSE BBG=62400
45 CLS: PRINT"Lohnsteuerberechnung":PRINT"        19";YY
50 FOR I=1TO500:NEXT I
60 CLS:PRINT"allgem. Eingaben:"
70 PRINT"1=ledig":PRINT"2=verh.":INPUT TAB%:TAB1%=TAB%:IF TA
B%<1 OR TAB%>2 THEN 70
80 INPUT"Geb.datum EM  ",ALTEREM$
90 IF LEN(ALTEREM$) <>6 OR VAL(LEFT$(ALTEREM$,2))>31 OR VAL(
MID$(ALTEREM$,3,2))>12 THEN PRINT "TTMMJJ":GOTO80
100 ALTEREM=VAL(RIGHT$(ALTEREM$,2)+MID$(ALTEREM$,3,2)+LEFT$(
ALTEREM$,2))
110 INPUT"Konfes.EM  ",KONEM$:IF LEFT$(KONEM$,2)<>"EV"ANDLEF
T$(KONEM$,2)<>"RK"AND LEFT$(KONEM$,2)<>"VD" THEN PRINT"EV,RK
 ODER VD":GOTO110
120 IF KONEM$="EV" THEN KONEM%=1:ELSE IF KONEM$="RK" THEN KO
NEM%=2 ELSE KONEM%=3
130 INPUT"Kinderzahl ",KZ%
140 INPUT"Zahlkinder ",ZK%
150 IF TAB%=1 THEN ALTEREF=999999:KONEF%=KONEM%:GOTO 240
160 INPUT"Geb.datum EF  ",ALTEREF$
170 IF LEN(ALTEREF$) <>6 OR VAL(LEFT$(ALTEREF$,2))>31 OR VAL
(MID$(ALTEREF$,3,2))>12 THEN PRINT "TTMMJJ":GOTO160
180 ALTEREF=VAL(RIGHT$(ALTEREF$,2)+MID$(ALTEREF$,3,2)+LEFT$(
ALTEREF$,2))
190 INPUT"Konfes.EF  ",KONEF$:IF LEFT$(KONEF$,2)<>"EV"ANDLEF
T$(KONEF$,2)<>"RK"AND LEFT$(KONEF$,2)<>"VD" THEN PRINT"EV,RK
 ODER VD":GOTO190
200 IF KONEF$="EV" THEN KONEF%=1 ELSE IF KONEF$="RK"THEN KON
EF%=2 ELSE KONEF%=3
210 CLS:PRINT"hat der":PRINT"Ehegatte auch ":PRINT"Einkünfte
 J/N"
220 INPUT EEF$
230 IF EEF$ <>"J" AND EEF$ <>"N" THEN 210
240 CLS:PRINT:PRINT"Einkünfte":PRINT"des Ehemannes"
250 FOR I=1 TO 500:NEXT I
260 GOSUB530:BLEM=BL:VBEM=VB:WKEM=WK:LSTEM=LST:EVKIEM=EVKI:R
KKIEM=RKKI:VMLEM=VML:SPAREM=SPAR:ALGEM=ALG:KRVEM%=KRV%:VERTR
AGEM%=VERTRAG%
270 IF TAB%=1 OR EEF$<>"J" THEN BBLEF=0:GOTO 310
```

```
280 CLS:PRINT:PRINT"Einkünfte":PRINT"der Ehefrau"
290 FOR I=1 TO 500:NEXT I
300 GOSUB530:BLEF=BL:VBEF=VB:WKEF=WK:LSTEF=LST:EVKIEF=EVKI:R
KKIEF=RKKI:VMLEF=VML:SPAREF=SPAR:ALGEF=ALG:KRVEF%=KRV%:VERTR
AGEF%=VERTRAG%:ELSE NAEF=0
310 CLS:PRINT"Sonderausgaben":PRINT"Renten u.d.Lasten":INPUT
 REN
320 PRINT"Kirchensteuer ":INPUT KIR:KIR=INT(KIR+.9)
330 PRINT"eigene Berufs-":INPUT"ausb.";BER:BER=INT(BER+.9)
340 PRINT"Steuerber.kosten":INPUT STBER:STBER=INT(STBER)
350 PRINT"Spenden ":INPUT SP:SP=INT(SP)
360 CLS:PRINT"Arbeitnehmeran-":PRINT"teil zur Sozial-":PRINT
"versicherung EM":INPUT ANEM
370 PRINT"Arbeitgeberan-":PRINT"teil zur Renten-":PRINT"vers
icherung EM":INPUT AGEM:AGEM=INT(AGEM)
380 IF TAB%=1 OR EEF$="N" THEN 410
390 CLS:PRINT"Arbeitnehmeran-":PRINT"teil zur Sozial-":PRINT
"versicherung EF":INPUT ANEF
400 PRINT"Arbeitgeberan-":PRINT"teil zur Renten-":PRINT"vers
icherung EF":INPUT AGEF:AGEF=INT(AGEF)
410 CLS:PRINT"andere  ":PRINT"Versicherungen":INPUT SA
420 PRINT"Bausparkassenbeitr.":INPUT BSP
430 CLS:PRINT:PRINT"außergewöhnliche":PRINT"Belastung"
440 FOR I=1 TO 500:NEXT I
450 CLS:PRINT"wie hoch war die":PRINT"außergewöhnliche":PRIN
T"Belastung":INPUT ABEL
460 CLS:PRINT"% der Körper-":PRINT"behinderung":PRINT"des Eh
emannes":INPUT KBEM:IF KBEM>100 AND KBEM<>300 THEN 460
470 PRINT"Hinterbliebenen-":PRINT"bezüge?":PRINT"1=JA / 2= N
EIN":INPUT HBEM%:IF HBEM%<1 OR HBEM%>2 THEN 470
480 IF TAB%=1 THEN 500 ELSE CLS:PRINT"% der Körper-":PRINT"b
ehinderung":PRINT"der Ehefrau":INPUT KBEF:IF KBEF>100 AND KB
EF<>300 THEN 480
490 PRINT"Hinterbliebenen-":PRINT"bezüge?":PRINT"1=JA / 2= N
EIN":INPUT HBEF%:IF HBEF%<1 OR HBEF%>2 THEN 490
500 CLS:PRINT"wie hoch waren die":PRINT"Aufwendungen zur":PR
INT"Unterstützung u.a.":INPUT UNTER$:UNTER=VAL(UNTER$)
510 CLS:PRINT:PRINT:PRINT"   bitte warten"
520 GOTO 810
530 BL=0:VB=0:WK=0:LST=0:EVKI=0:RKKI=0:VML=0:SPAR=0:ALG=0:VE
RTRAG%=0
540 CLS:PRINT"Bruttoarbeitsl.
550 INPUTBL
560 PRINT"Versorgungsbez.
570 INPUTVB
```

```
580 PRINT"Werbungskosten
590 INPUTWK
600 CLS:PRINT"Arbeitslosengeld,
610 PRINT"-hilfe, Schlecht-
620 PRINT"wetter oder Kurz-
630 PRINT"arbeitergeld J/N"
640 INPUT ABL$:IF ABL$="J" THEN GOSUB 770:GOTO660
650 IF ABL$<>"N" THEN CLS:GOTO600
660 CLS:PRINT"Kranken- und":PRINT"Rentenvers.frei?":PRINT"z.
B.Beamter":PRINT"1=ja / 2=nein"
670 INPUTKRV%:IF KRV%<1 OR KRV%>2 THEN 660
680 CLS:IF BL>0 OR VB>0 THEN PRINT"anrechenbare ":PRINT"STEU
ERN" ELSE GOTO 760
690 FOR I=1TO500:NEXT I
700 CLS:PRINT"Lohnsteuer ":INPUT LST:LST=INT(LST+.9)
710 PRINT"ev KiSt ":INPUT EVKI:EVKI=INT(EVKI+.9)
720 PRINT"rk KiSt ":INPUT RKKI:RKKI=INT(RKKI+0.9)
730 PRINT"verm.wirks.Leist.":INPUT VML
740 IF VML>0 THEN PRINT"Spar- oder Bauspar":PRINT" 1 oder 2
?":INPUT VERTRAG%:IF VERTRAG%<1 OR VERTRAG%>2 THEN 740
750 PRINT"Sparzulage ":INPUT SPAR:SPAR=INT(SPAR+.9)
760 RETURN
770 CLS:PRINT"Lohnersatz-":PRINT"leistungen"
780 PRINT"lt. LSt-Karte"
790 INPUT ALG
800 RETURN
810 NAEM=INT(BLEM+VBEM)
820 NAEF=INT(BLEF+VBEF)
830 VFBEM=INT(VBEM*.4):IF VFBEM>4800 THEN VFBEM = 4800
840 VFBEF=INT(VBEF*.4):IF VFBEF>4800 THEN VFBEF = 4800
850 NAEM=NAEM-VFBEM:NAEM=NAEM-1080:IF NAEM <0 THEN T1=NAEM*(
-1): NAEM=0
860 IF WKEM>NAEM  THEN NAEM=INT(NAEM-WKEM):IF WKEM<564 THEN
T3=564-WKEM:GOTO 900 ELSE 900
870 IF(WKEM<564) THEN WKEM=564:NAEM=INT(NAEM-WKEM):IF NAEM<0
 THEN WKEM=564+NAEM:T3=NAEM*(-1):NAEM=0:GOTO 900 ELSE 900
880 NAEM=INT(NAEM-WKEM)
900 NAEF=NAEF-VFBEF:NAEF=NAEF-1080:IF NAEF <0 THEN T2=NAEF*(
-1): NAEF=0
910 IF WKEF>NAEF THEN NAEF=INT(NAEF-WKEF):IF WKEF<564 THEN T
4=564-WKEF:GOTO 940 ELSE 940
920 IF WKEF<564 AND NAEF>0 THEN WKEF=564:NAEF=INT(NAEF-WKEF)
:IF NAEF<0 THEN WKEF=564+NAEF:T4=NAEF*(-1):NAEF=0:GOTO940:EL
SE 940
```

```
930 NAEF=INT(NAEF-WKEF)
940 SDEEM=NAEM:SDEEF=NAEF
950 IF ALTEREM<190102 THEN ALTEREM=2 ELSE ALTEREM=1
960 IF ALTEREF<190102 THEN ALTEREF=2:ELSE ALTEREF=1
970 IF(ALTEREM=2)AND(ALTEREF=2) THEN GOSUB1010:GOSUB 1040:GO
TO1070
980 IF(ALTEREM=2)AND(ALTEREF=1)THEN GOSUB 1040:GOTO1070
990 IF(ALTEREM=1)AND(ALTEREF=2)THEN GOSUB 1010:GOTO1070
1000 GOTO 1070
1010 AEEF=INT(BLEF*.4)
1020 IF AEEF>3000 THEN AEEF=3000
1030 RETURN
1040 AEEM=INT(BLEM*.4)
1050 IF AEEM>3000 THEN AEEM=3000
1060 RETURN
1070 GDEEM=SDEEM-AEEM:GDEEF=SDEEF-AEEF:GDE=GDEEM+GDEEF
1080 WF=600
1090 IF ALTEREM=2 THEN IF BLEM>7500 THEN AEEM1=3000 ELSE AEE
M1=CINT(BLEM*.4)
1100 BBLEM=BLEM+VBEM-VFBEM-WF-AEEM1:IF BBLEM>BBG THEN BBLEM=
BBG
1110 BBLEM=BBLEM/100*9:BBLEM=CINT(BBLEM)
1120 IF BBLEM<0 THEN BBLEM=0
1125 IF TAB%=1 THEN KRVEF%=KRVEM%:IF KRVEM%=1 THEN GOSUB 124
0:GOSUB 1340:GOTO1540 ELSE GOSUB 1210:GOSUB 1300:GOTO 1540
1130 IF TAB%=2 AND BLEF<0 THEN 1170
1140 IF ALTEREF=2 THEN IF BLEF>7500 THEN AEEF1=3000 ELSE AEE
F1=CINT(BLEF*.4)
1150 BBLEF=BLEF+VBEF-VFBEF-WF-AEEF1:IF BBLEF>BBG THEN BBLEF=
BBG
1160 BBLEF=BBLEF/100*9:BBLEF=CINT(BBLEF)
1170 IF BBLEF<0 THEN BBLEF=0
1180 IF TAB%=1 THEN IF KRVEM%=1 THEN GOSUB 1270:GOSUB 1300:G
OSUB 1330:GOSUB 1450:GOTO 1620 ELSE GOSUB 1270:GOSUB 1370:GO
TO 1620
1190 IF KRVEM%=2 AND KRVEF%=2 THEN GOSUB 1270:GOSUB1370:GOTO
1620
1200 IF KRVEM%+KRVEF% = 2 THEN GOSUB 1300:GOSUB 1410:GOTO162
0
1210 IF KRVEM%=1 THEN GOSUB 1270:GOSUB 1300:GOSUB 1330:GOSUB
 1450:GOTO 1620
1220 IF KRVEF%=1 THEN GOSUB 1270:GOSUB 1300:GOSUB 1330
1230 SWAP BBLEM,BBLEF
1240 GOSUB 1450
1250 SWAP BBLEM.BBLEF
1260 GOTO 1620
```

```
1270 VSPMAX1=(2340*TAB%)+(600*KZ%)+(300*ZK%)
1280 VSPMAX2=VSPMAX1*.5
1290 RETURN
1300 VSPMAX3=(1000*TAB%)+(600*KZ%)+(300*ZK%)
1310 VSPMAX4=(VSPMAX3*.5)+(500*TAB%)
1320 RETURN
1330 VSPMAX5=1000+(600*KZ%)+(300*ZK%)
1340 VSPMAX6=(VSPMAX5*.5)+500
1360 RETURN
1370 BBL=BBLEM+BBLEF
1380 IF BBL>VSPMAX1 THEN HB1=VSPMAX1 ELSE HB1=BBL
1390 IF BBL>VSPMAX2 THEN HB2 = VSPMAX2 ELSE HB2 = BBL
1400 VSP=HB1+HB2:RETURN
1410 BBL=BBLEM+BBLEF
1420 IF BBL>VSPMAX3 THEN HB3=VSPMAX3 ELSE HB3 = BBL
1430 IF BBL>VSPMAX4 THEN HB4=VSPMAX4 ELSE HB4 = BBL
1440 VSP=HB3+HB4:RETURN
1450 IF BBLEM>VSPMAX3 THEN HB3 = VSPMAX3 ELSE HB3=BBLEM
1460 IF BBLEM>VSPMAX4 THEN HB4=VSPMAX4 ELSE HB4=BBLEM
1470 HB3=HB3+HB4
1480 IF BBLEM>VSPMAX1 THEN HB1 = VSPMAX1 ELSE HB1 = BBLEM
1490 IF BBLEM>VSPMAX2 THEN HB2=VSPMAX2 ELSE HB2=BBLEM
1500 HB1=HB1+HB2
1510 IF BBLEM>VSPMAX5 THEN HB5 = VSPMAX5 ELSE HB5 = BBLEM
1520 IF BBLEM>VSPMAX6 THEN HB6= VSPMAX6 ELSE HB6 = BBLEM
1530 HB5=(BBLEF*2)+HB5+HB6
1540 HB6=HB5-VSPMAX1
1550 IF HB6<0 OR HB6 = 0 THEN HB7=HB5:GOTO1580 ELSE HB7=VSPM
AX1
1560 HB6=HB5-HB7
1570 IF HB6*.5<VSPMAX2 THEN HB8=HB6*.5 ELSE HB8 = VSPMAX2
1580 VSP=HB7+HB8
1590 IF VSP<HB3 THEN VSP=HB3
1600 IF VSP<300 * TAB% THEN VSP = 300*TAB%
1610 RETURN
1620 VSP=INT(VSP/54)*54
1630 VWA=3000*TAB%
1640 SA=SA+ANEM+ANEF:SA2=SA:IF SA=0 THEN 1780
1650 IF KRVEM%=1 THEN AGEM=BLEM/100*9:IF AGEM>5400 THEN AGEM
 = 5400
1660 IF KRVEF%=1 THEN AGEF=BLEF/100*9:IF AGEF>5400 THEN AGEF
 = 5400
1670 VWA=VWA-(AGEM+AGEF):IF VWA<0 THEN VWA=0
1680 SA=SA-VWA:IF SA<=0 THEN VWA=VWA+SA:AA=VWA:GOTO1770
1690 AA=VWA
```

```
1700 SA=SA+BSP
1710 HB1=(2340*TAB%)+(600*KZ%)+(300*ZK%)
1720 HB2=HB1*.5
1730 SA=SA-HB1:IF SA<0 THEN AB=SA+HB1:GOTO1770
1740 AB=HB1
1750 SA=SA*.5-HB2:IF SA<0 THEN AC=SA+HB2:GOTO1770
1760 AC=HB2
1770 SA=AA+AB+AC
1780 IF VSP>SA THEN SA = VSP
1790 SA=INT(SA+.5)
1800 IF SP>(GDE/100*5) THEN SP=GDE/100*5:SP=INT(SP+.5)
1810 IF BER>1200 THEN BER=1200
1820 SA1=REN+KIR+STBER+BER+SP
1830 IF SA1<270*TAB% THEN SA1=270*TAB%
1840 ZS=GDE-SA1-SA
1850 K%=KZ%+ZK%
1860 IF K%<>0 THEN 1910
1870 IF GDE<=30000 THEN P% = 5: IF TAB%=2 THEN P% =4
1880 IF GDE>30000 THEN P% = 6: IF TAB%=2 THEN P%=5
1890 IF GDE>100000 THEN P% = 7: IF TAB% = 2 THEN P%=6
1900 GOTO 1980
1910 IF K%>2 THEN 1960
1920 IF GDE<=30000 THEN P%=2
1930 IF GDE>30000 THEN P%=3
1940 IF GDE>100000 THEN P%=4
1950 GOTO1980
1960 IF GDE<=100000 THEN P% = 1
1970 IF GDE>100000 THEN P% = 2
1980 ZWS = INT(P% * GDE/100):IF ZWS<0 THEN ZWS=0
1990 ABEL1 = ABEL - ZWS: IF ABEL1<0 THEN ABEL1 = 0
2000 KB=KBEM:HB%=HBEM%:GOSUB 2010:KBEM1=KB1:KB1=0:KB=0:HB%=0
:KB=KBEF:HB%=HBEF%:GOSUB 2010:KBEF1=KB1:GOTO2120
2010 IF KB>=25 THEN KB1 = 600
2020 IF KB>=35 THEN KB1 = 840
2030 IF KB>=45 THEN KB1 = 1110
2040 IF KB>=55 THEN KB1 = 1410
2050 IF KB>=65 THEN KB1 = 1740
2060 IF KB>=75 THEN KB1 = 2070
2070 IF KB>=85 THEN KB1 = 2400
2080 IF KB>=91 THEN KB1 = 2760
2090 IF KB=300 THEN KB1 = 7200
2100 IF HB%=1 THEN KB1=KB1+720
2110 RETURN
2120 KB1=KBEM1+KBEF1
2130 EINKOMMEN=ZS-FB-ABEL1-KB1-UNTER
```

```
2140 IF ALTEREM=2 THEN ALTEREM1 =720
2150 IF ALTEREF=2 THEN ALTEREF1=720
2160 ALTER=ALTEREM1+ALTEREF1
2170 IF TAB%=1 AND KZ%>0 THEN HF=4212
2180 KF=(KZ%*432)+(ZK%*216)
2190 ZVE=EINKOMMEN-ALTER-HF-KF
2200 KST=KSTEM+KSTEF:KAPEST=KAPESTEM+KAPESTEF
2210 ALG1=ALGEM+ALGEF
2220 IF ALGEM>0 OR ALGEF>0 THEN L%=1:ALGEM=ALGEM-T1-T3:ALGEF
=ALGEF-T2-T4
2225 IF ALGEM<0 THEN ALGEM=0
2230 IF ALGEF<0 THEN ALGEF=0
2240 IF L%<>1 THEN 2310
2250 ZVE2=ZVE
2260 ZVE1=ZVE+ALGEM+ALGEF:ALG=ALGEM+ALGEF:IFZVE1<=0THENZVE1=
1
2270 ZVE=ZVE1
2280 GOSUB2320:IF ZVE1=1 THENZVE=1
2285 PROG=INT(S/ZVE*100000000)/1000000
2290 ZVE=ZVE2:GOSUB2320:S=INT((ZVE*PROG)/100)
2300 GOTO2460
2310 ZVE2=ZVE:GOSUB2320:GOTO2460
2320 A=10000:B=1000
2330 IF ZVE < 0 THEN ZVE=0
2340 IF TAB% = 2 THEN ZVE=ZVE/2
2350 ZVE=INT(ZVE/54)*54
2360 Y=(ZVE-18*B)/A:Y=INT(Y*A*10)/(A*10)
2370 Z=(ZVE-6*A)/A:Z=INT(Z*A*10)/(A*10)
2380 IF ZVE<4213 THEN S=0:GOTO2430
2390 IF ZVE<18001 THEN S=.22* ZVE-926:GOTO2430
2400 IF ZVE<6*A THEN S=FIX(FIX(FIX(FIX(3.05*B*Y)-73.76*B)*Y+
695*B)*Y+2200*B)/B*Y+3034:GOTO2430
2410 IF ZVE<13*A THEN S=FIX(FIX(FIX(FIX(.09*B*Z)-5.45*B)*Z+8
8.13*B)*Z+5040*B)/B*Z+20018:GOTO2430
2420 S=.56*ZVE-14837
2430 S=INT(S)
2440 IF TAB%=2 THEN S=S*2:ZVE=ZVE*2
2450 RETURN
2460 ST=S:STEUER=S
2470 IF TAB1%=1 OR EEF$="N" THEN 2530
2480 ZVE=GDEEM:TAB%=1:GOSUB2320:ST1=S
2490 ZVE=GDEEF:TAB%=1:GOSUB2320:ST2=S
2500 ST3=ST1+ST2:IFST3<=0THENST3=1
2510 KIPEM=ST1/ST3*100
```

```
2520 KIPEF=ST2/ST3*100
2530 IF KZ%=1 THEN KIA=600
2540 IF KZ%=2 THEN KIA=1560
2550 IF KZ%>2 THEN KIA=1560+((KZ%-2)*1800)
2560 ST=ST-KIA:IF ST<0 THEN ST=0
2570 KIST=ST*9/100
2580 KISTEM=KIST*KIPEM/100
2590 KISTEF=KIST*KIPEF/100:IF TAB1%=1 OR EEF$="N" THEN KISTE
F=0:KISTEM=INT(KIST)
2600 IF (TAB1%=1 AND ZVE>24000) OR (ZVE>48000) THEN LPRINT"E
ST-Veranlagung"
2610 LPRINT"Lohn=";BLEM,BLEF
2620 LPRINT"+VeBe";VBEM,VBEF
2630 LPRINT"-VeFB";VFBEM,VFBEF
2640 LPRINT"-W/AF";1080-T1,:IF TAB1%=1 THEN LPRINT 0 ELSE LP
RINT 1080-T2
2650 LPRINT"-WK= ";WKEM,WKEF
2660 LPRINT" §19=";NAEM,NAEF
2670 LPRINT"SDE= ";SDEEM,SDEEF
2680 LPRINT"A.ent";AEEM,AEEF
2690 LPRINT"GdE  ";GDEEM,GDEEF
2700 LPRINT"SA unb.",SA1
2710 LPRINT"SA=     ",SA
2720 LPRINT"außerge",ABEL1
2730 LPRINT"Unterst",UNTER
2740 LPRINT"KB      ",KB1
2750 LPRINT"Einkommen",EINKOMMEN
2760 LPRINT"Altersf",ALTER
2770 LPRINT"Haushaltsf",HF
2780 LPRINT"Kinderf",KF
2790 LPRINT"zu verstEink",ZVE2
2800 LPRINT"Einbehalten":LPRINT STRING$(11,"-")
2810 LPRINT" LST   = ";LSTEM+LSTEF
2820 LPRINT" KiSt  = ";EVKIEM+EVKIEF+RKKIEM+RKKIEF
2830 LPRINT"Jahressteuer:":LPRINT STRING$(13,"-")
2840 LPRINT" LST   =    ";STEUER
2850 IF KONEM%=3 AND KONEF%=3 THEN LPRINT" KiSt  =    ";0:GOTO
 2890
2860 IF KONEM%=3 THEN LPRINT" KiSt  =     ";INT(KISTEF):KISTEM
=0:GOTO 2890
2870 IF KONEF%=3 THEN LPRINT" KiSt  =     ";INT(KISTEM):KISTEF
=0:GOTO 2890
2880 LPRINT " KiSt  =    ";INT(KISTEM+KISTEF)
2890 LPRINT"Ausgleichsbetrag:":LPRINT STRING$(17,"-")
2900 LPRINT" LST   =    ";(STEUER-LSTEM-LSTEF)*-1
```

```
2910 LPRINT" KiSt =     ";:A=KISTEM+KISTEF-EVKIEM-EVKIEF-RKKIE
M-RKKIEF:LPRINT INT(A*-1)
2920 LPRINT"Erstattungsbetrag:":LPRINT STRING$(18,"-")
2930 B=INT(STEUER-LSTEM-LSTEF+A)
2940 IF B>0 THEN LPRINT"keine Erstattung":LPRINT "Nachzahlun
g=";B ELSE LPRINT TAB(6);B*-1
2950 IF VMLEM>0 OR VMLEF>0 THEN LPRINT "verm.Leistung/Sparzu
lage":LPRINT STRING$(20,"-") ELSE 3090
2960 IF VMLEM>624 THEN VMLEM=624
2970 IF VMLEF>624 THEN VMLEF=624
2980 K%=(KZ%*1800)+(ZK%*900)
2990 IF TAB1%=1 AND ZVE-K%>24000 THEN SPEM=0:GOTO3050
3000 IF ZVE2-K%>48000 THEN SPEM=0:SPEF=0:GOTO 3050
3010 VERTRAG%=VERTRAGEM%:VML=VMLEM:GOSUB 3020:SPEM=SP:VERTRA
G%=VERTRAGEF%:VML=VMLEF:GOSUB 3020:SPEF=SP:GOTO 3050
3020 IF VERTRAG%=1 THEN PS%=16 ELSE PS%=23
3030 IF KZ%>2 THEN PS%=PS%+10
3040 SP=INT((VML*PS%/100)+.9):RETURN
3050 LPRINT"VMLEM ";VMLEM,SPEM:IF TAB1%=1 THEN 3060 ELSE LPR
INT"VMLEF ";VMLEF,SPEF
3060 LPRINT"vom Arbeitgeber":LPRINT "gezahlt:":LPRINT STRING
$(20,"-"):LPRINT"EM ";SPAREM:IF TAB1%=1 THEN 3070 ELSE LPRIN
T"EF ";SPAREF
3070 LPRINT "Differenz":LPRINT STRING$(20,"-"):LPRINT"EM ="S
PEM-SPAREM:IF TAB1%=1 THEN 3080 ELSE LPRINT"EF =";SPEF-SPARE
F
3080 LPRINT "Nachforderung= -"
3090 IF ALG1>0 THEN LPRINT "Lohnersatzleistungen",ALG1:LPRIN
T "Steuer =";PROG;:LPRINT "%":LPRINT" des zu verst. Eink."
3100 IF KZ%>0 OR ZK%>0 THEN LPRINT KZ%+ZK%;"Kinder wurden ";
:LPRINT "berücksichtigt."
3110 END
```

10.10 Einkommensteuer-Ermittlung für 1983 und 1984

Nachdem die Einzelwerte aus den Programmen Werbungskosten, außergewöhnliche Belastung, Vermietung und Verpachtung und Leibrenten ermittelt wurden, kann nun die Einkommensteuer berechnet werden.

Die Einkommensteuer-Berechnung wurde in 3 Blöcke geteilt, damit die Berechnung auch in der Grundversion des HX-20 lauffähig ist.

- Block 1: Eingabebereich,
- Block 2: Berechnungsteil a) und
- Block 3: Berechnungsteil b) und Ausgabe.

Für den Block 3 stehen 2 Programme zur Auswahl.

- Programm 1: Ausgabe über den Epson FX-80 mit allen Steuerzeichen und
- Programm 2: Ausgabe über den Miniprinter des HX-20.

Wenn für den HX-20 eine Speichererweiterung vorhanden ist, dann erübrigen sich die übergaben der Werte an den RAM-Speicherbereich. Eine Mehrarbeit für die Grundversion ist trotz des begrenzten Speicherbereichs nicht gegeben, weil das Programm sich nach dem Start des Eingabeprogramms (Block 1) und den abgefragten Eingaben, die weiteren Blöcke selbst lädt.

Zu den Eingaben des Programms:
Die meisten Abfragen ergeben sich aus den Dialogen mit dem Display des Rechners. Daher sollen hier nur die Besonderheiten erläutert werden.
Um eine möglichst einfache Bedienung zu erreichen, wurden alle Abfragen so gestellt, daß Fragen, die mit 'ja' und 'nein' zu beantworten sind mit den Ziffern 1 (für ja) und 2 (für nein) beantwortet werden müssen.

Zur Frage der Religionszugehörigkeit und Körperbehinderung vgl. Anmerkungen in Abschnitt 10.9

Da alle Variablen als Stringvariablen ausgelegt wurden, genügt bei der Abfrage statt einer '0' die Betätigung der Taste 'Return'.

```
10 CLEAR200.492
20 WIDTH20.80
30 DEFDBLA,B,E,G,K,L,R,S,U,V,W
40 PRINT"Steuerberechnung":PRINT"für welches Jahr ?":INPUT"1
9..";YY$:YY=VAL(YY$):IF YY<83 OR YY>84 THEN 70 ELSE IF YY=83
 THEN BBG=60000 ELSE BBG=62400
50 CLS: PRINT"  Steuerberechnung
55 PRINT:PRINT"          19";YY:PRINT"weiter mit <RET>";
60 Q$=INPUT$(1):IF Q$<>CHR$(13) THEN Q$="0":GOTO40
70 CLS:PRINT:PRINT"COPYRIGHT BY":PRINT"EDUARD   SACHTJE":PRI
NT:PRINT"weiter mit <RET> ";
80 Q$=INPUT$(1):IF Q$<>CHR$(13) THEN Q$="0":GOTO70
90 CLS:PRINT"allgem. Eingaben:"
100 PRINT"1= ledig":PRINT"2= verh. ":INPUT TAB$:TAB%=VAL(TAB
$):IF TAB%<1 OR TAB%>2 THEN 100
110 INPUT"Geburtsd.EM ",ALTEREM$
120 IF LEN(ALTEREM$) <>6 OR VAL(LEFT$(ALTEREM$,2))>31 OR VAL
(MID$(ALTEREM$,3,2))>12 THEN PRINT "TTMMJJ":GOTO110
130 ALTEREM=VAL(RIGHT$(ALTEREM$,2)+MID$(ALTEREM$,3,2)+LEFT$(
ALTEREM$,2))
140 INPUT"Konfes.EM  ",KONEM$:IF LEFT$(KONEM$,2)<>"EV"ANDLEF
T$(KONEM$,2)<>"RK"AND LEFT$(KONEM$,2)<>"VD" THEN PRINT"EV,RK
 ODER VD":GOTO140
150 IF KONEM$="EV" THEN KONEM%=1:GOTO 170
160 IF KONEM$="RK" THEN KONEM%=2 ELSE KONEM%=3
170 INPUT"Kinderzahl ",KZ$:KZ%=VAL(KZ$)
180 INPUT"Zahlkinder ",ZK$:ZK%=VAL(ZK$)
190 IF TAB%=1 THEN ALTEREF=999999:KONEF%=KONEM%:GOTO 260
200 INPUT"Geburtsd.EF ",ALTEREF$
210 IF LEN(ALTEREF$) <>6 OR VAL(LEFT$(ALTEREF$,2))>31 OR VAL
(MID$(ALTEREF$,3,2))>12 THEN PRINT "TTMMJJ":GOTO200
220 ALTEREF=VAL(RIGHT$(ALTEREF$,2)+MID$(ALTEREF$,3,2)+LEFT$(
ALTEREF$,2))
230 INPUT"Konfes.EF  ",KONEF$:IF LEFT$(KONEF$,2)<>"EV"ANDLEF
T$(KONEF$,2)<>"RK"AND LEFT$(KONEF$,2)<>"VD" THEN PRINT"EV,RK
 ODER VD":GOTO230
240 IFKONEF$="EV" THEN KONEF%=1:GOTO260
250 IF KONEF$="RK" THEN KONEF%=2 ELSE KONEF%=3
260 CLS: PRINT"Eingabe der":PRINT" EINKüNFTE":PRINT"JA=1   N
EIN=2"
265 LPRINT"Eingabe der":LPRINT" EINKüNFTE":LPRINT"JA=1   NEI
N=2"
270 PRINT"weiter mit <RET>":LOCATE15,0:Q$=INPUT$(1):IF Q$<>C
HR$(13) THEN Q$="0":GOTO260
```

```
280 CLS:PRINT"nichtselb.Arb."
290 PRINT"Kapitalverm."
300 PRINT"Verm.+Verp."
310 PRINT"andere Eink."
320 LOCATE15,0
330 INPUT NAEM$:NAEM=VAL(NAEM$):IF NAEM<1 OR NAEM>2 THEN 320
340 LOCATE15,1
350 INPUT KAPEM$:KAPEM=VAL(KAPEM$):IF KAPEM<1 OR KAPEM>2 THE
N 340
360 LOCATE15,2
370 INPUT VUVEM$:VUVEM=VAL(VUVEM$):IF VUVEM<1 OR VUVEM>2 THE
N 360
380 LOCATE15,3
390 INPUT AEEM$:AEEM=VAL(AEEM$):IF AEEM<1 OR AEEM>2 THEN380
400 IF AEEM = 2 THEN AEEM=0:GOTO 530
410 CLS:PRINT"Gewerbebetr.
420 PRINT"selbst. Tätigk.
430 PRINT"Land u Forstwi.
440 PRINT"sonst. Eink.
450 LOCATE15,0
460 INPUT GEWEM$:GEWEM=VAL(GEWEM$):IFGEWEM<1 OR GEWEM>2THEN
450
470 LOCATE15,1
480 INPUT STEM$:STEM=VAL(STEM$):IF STEM<1 OR STEM>2 THEN 470
490 LOCATE15,2
500 INPUT LUFEM$:LUFEM=VAL(LUFEM$):IFLUFEM<1 OR LUFEM>2 THEN
 490
510 LOCATE15,3
520 INPUT SEEM$:SEEM=VAL(SEEM$):IFSEEM<1 OR SEEM>2 THEN510
530 IF TAB%=2 THEN CLS ELSE 830
540 CLS:PRINT"hat der":PRINT"Ehegatte auch ":PRINT"Einkünfte
"
550 LOCATE15,3
560 INPUTEEF$:EEF%=VAL(EEF$):IF EEF%<1 OR EEF%>2 THEN540
570 IF EEF%=2 THEN830
580 CLS:PRINT"nichtselb.Arb."
590 PRINT"Kapitalverm."
600 PRINT"Verm.+Verp."
610 PRINT"andere Eink."
620 LOCATE15,0
630 INPUT NAEF$:NAEF=VAL(NAEF$):IF NAEF<1 OR NAEF>2THEN 620
640 LOCATE15,1
650 INPUT KAPEF$:KAPEF=VAL(KAPEF$):IF KAPEF<1 OR KAPEF>2 THE
N 640
660 LOCATE15,2
```

```
670 INPUT VUVEF$:VUVEF=VAL(VUVEF$):IFVUVEF<1 OR VUVEF>2 THEN
 660
680 LOCATE15,3
690 INPUT AEEF$:AEEF=VAL(AEEF$):IF AEEF<1 OR AEEF>2 THEN680
700 IF AEEF=2 THEN AEEF=0:GOTO 830
710 CLS:PRINT"Gewerbebetr.
720 PRINT"selbst. Tätigk.
730 PRINT"Land u Forstwi.
740 PRINT"sonst. Eink.
750 LOCATE15,0
760 INPUT GEWEF$:GEWEF=VAL(GEWEF$):IF GEWEF<1 OR GEWEF>2THEN
 750
770 LOCATE15,1
780 INPUT STEF$:STEF=VAL(STEF$):IF STEF<1 OR STEF>2 THEN 770
790 LOCATE15,2
800 INPUT LUFEF$:LUFEF=VAL(LUFEF$):IFLUFEF<1 OR LUFEF>2 THEN
 790
810 LOCATE15,3
820 INPUT SEEF$:SEEF=VAL(SEEF$):IF SEEF<1 OR SEEF>2 THEN810
830 'Auswahl Einkünfte
840 CLS:PRINT:PRINT"Einkünfte":PRINT"des Ehemannes"
850 PRINT"weiter mit <RET>"
860 Q$=INPUT$(1):IF Q$<>CHR$(13) THEN Q$="0":GOTO840
870 IF NAEM=1 THEN GOSUB1510:BLEM=BL:VBEM=VB:WKEM=WK:LSTEM=L
ST:EVKIEM=EVKI:RKKIEM=RKKI:ALGEM=ALG:KRVEM%=KRV%
880 IF KAPEM=1 THEN GOSUB1800:KAPEM=KAP:WKKEM=WKK:KAPESTEM=K
APEST:KSTEM=KST:ELSE KAPEM=0
890 IF VUVEM=1 THEN GOSUB1920:VUVEM=VUV ELSE VUVEM=0
900 IF GEWEM=1 THEN GOSUB1960:GEWEM=GEW:ELSE GEWEM=0
910 IF STEM=1 THEN GOSUB2000:STEM=ST:FBEM=FB:ELSE STEM=0
920 IF LUFEM=1 THEN GOSUB2050:LUFEM=LUF:ELSE LUFEM=0
930 IF SEEM=1 THEN GOSUB2090:SEEM=SE:WKSEEM=WKSE:LEIBEM=LEIB
:ELSE SEEM=0
940 CLS:IF EEF%=2 THEN NAEF=0:KAPEF=0:VUVEF=0:GEWEF=0:STEF=0
:LUFEF=0:SEEF=0:KRVEF%=KRVEM%:GOTO 1060
950 IF TAB%=1 THEN 1060
960 CLS:PRINT:PRINT"Einkünfte":PRINT"der Ehefrau"
970 PRINT"weiter mit <RET>"
980 Q$=INPUT$(1):IF Q$<>CHR$(13) THEN Q$="0":GOTO940
990 IF NAEF=1 THEN GOSUB1510:BLEF=BL:VBEF=VB:WKEF=WK:LSTEF=L
ST:EVKIEF=EVKI:RKKIEF=RKKI:ALGEF=ALG:KRVEF%=KRV%:ELSE NAEF=0
:KRVEF%=KRVEM%
1000 IF KAPEF=1 THEN GOSUB1800:KAPEF=KAP:WKKEF=WKK:KAPESTEF=
KAPEST:KSTEF=KST:ELSE KAPEF=0
1010 IF VUVEF=1 THEN GOSUB1920:VUVEF=VUV ELSE VUVEF=0
1020 IF GEWEF=1 THEN GOSUB1960:GEWEF=GEW:ELSE GEWEF=0
```

```
1030 IF STEF=1 THEN GOSUB2000:STEF=ST:FBEF=FB:ELSE STEF=0
1040 IF LUFEF=1 THEN GOSUB2050:LUFEF=LUF:ELSE LUFEF=0
1050 IF SEEF=1 THEN GOSUB2090:SEEF=SE:WKSEEF=WKSE:LEIBEF=LEI
B:ELSE SEEF=0
1060 CLS:PRINT:PRINT"Eingabe der":PRINT"Vorauszahlungen":PRI
NT"weiter mit <RET>"
1070 Q$=INPUT$(1):IF Q$<>CHR$(13) THEN Q$="0":GOTO1060
1080 CLS:INPUT"EST       ";VEST$:VEST=VAL(VEST$):INPUT"ev. Ki
St ";VEVKI$:VEVKI=VAL(VEVKI$):INPUT"rk. KiSt ";VRKKI$:VRKKI=
VAL(VRKKI$)
1090 CLS:PRINT:PRINT"Eingabe der":PRINT"Sonderausgaben":PRIN
T"weiter mit <RET>"
1100 Q$=INPUT$(1):IF Q$<>CHR$(13) THEN Q$="0":GOTO1090
1110 CLS:PRINT"Sonderausgaben";:PRINT"ohne Vorsorgeaufwen-";
:PRINT"dungen "
1120 PRINT"weiter mit <RET>":LOCATE 19,0
1130 Q$=INPUT$(1):IF Q$<>CHR$(13) THEN Q$="0":GOTO1110
1140 CLS:PRINT"Renten u.d.Lasten":INPUT REN$:REN=VAL(REN$)
1150 PRINT"Kirchensteuer ":INPUT KIR$:KIR=VAL(KIR$)
1160 PRINT"eigene Berufs-":INPUT"ausb.";BER$:BER=VAL(BER$)
1170 PRINT"Steuerber.kosten":INPUT STBER$:STBER=VAL(STBER$)
1180 PRINT"Spenden ":INPUT SP$:SP=VAL(SP$)
1190 CLS:PRINT:PRINT"Vorsorgeaufwendungen":PRINT"      Ehema
nn"
1200 PRINT"weiter mit <RET>":LOCATE 19,1
1210 Q$=INPUT$(1):IF Q$<>CHR$(13) THEN Q$="0":GOTO1190
1220 CLS:PRINT"Arbeitnehmeran-":PRINT"teil zur Sozial-":PRIN
T"versicherung":INPUT ANEM$:ANEM=VAL(ANEM$)
1230 PRINT"Arbeitgeberan-":PRINT"teil zur Renten-":PRINT"ver
sicherung":INPUT AGEM$:AGEM=VAL(AGEM$):AGEM=INT(AGEM):AGEM=I
NT(AGEM)
1240 IF TAB%=1 OR NAEF=2 THEN GOTO 1300
1250 CLS:PRINT:PRINT"Vorsorgeaufwendungen":PRINT"      Ehefr
au"
1260 PRINT"weiter mit <RET>":LOCATE 19,1
1270 Q$=INPUT$(1):IF Q$<>CHR$(13) THEN Q$="0":GOTO1250
1280 CLS:PRINT"Arbeitnehmeran-":PRINT"teil zur Sozial-":PRIN
T"versicherung":INPUT ANEF$:ANEF=VAL(ANEF$)
1290 PRINT"Arbeitgeberan-":PRINT"teil zur Sozial-":PRINT"ver
sicherung":INPUT AGEF$:AGEF=VAL(AGEF$):AGEF=INT(AGEF)
1300 CLS:PRINT:PRINT"andere Vers.":PRINT"allgemein"
1310 PRINT"weiter mit <RET>"
1320 Q$=INPUT$(1):IF Q$<>CHR$(13) THEN Q$="0":GOTO1300
1330 CLS:PRINT"freiwillige ":PRINT"Höherversicherung":INPUT
SA1$:SA1=VAL(SA1$)
```

```
1340 PRINT"Krankenvers.":INPUT SA2$:SA2=VAL(SA2$)
1350 PRINT"Unfallvers.":INPUT SA3$:SA3=VAL(SA3$)
1360 PRINT"Lebensvers.":INPUT SA4$:SA4=VAL(SA4$)
1370 PRINT"Haftpflichtvers.":INPUT SA5$:SA5=VAL(SA5$)
1380 SA=SA1+SA2+SA3+SA4+SA5
1390 PRINT"Bausparkassenbeitr.":INPUT BSP$:BSP=VAL(BSP$)
1400 'außergewöhnliche Belastung
1410 CLS:PRINT:PRINT"außergewöhnliche":PRINT"Belastung"
1420 PRINT"weiter mit <RET>"
1430 Q$=INPUT$(1):IF Q$<>CHR$(13) THEN Q$="0":GOTO1410
1440 CLS:PRINT"wie hoch war die":PRINT"außergewöhnliche":PRI
NT"Belastung":INPUT ABEL$:ABEL=VAL(ABEL$)
1450 CLS:PRINT"% der Körper-":PRINT"behinderung":PRINT"des E
hemannes":INPUT KBEM$:KBEM=VAL(KBEM$):IF KBEM>100 AND KBEM<>
300 THEN 1450
1460 CLS:PRINT"Hinterbliebenenbez.":INPUT"Ehemann vorhanden"
:HBEM$:HBEM%=VAL(HBEM$):IF HBEM%<1 OR HBEM%>2 THEN 1460
1470 IF TAB%=1 THEN 1490 ELSE CLS:PRINT"% der Körper-":PRINT
"behinderung":PRINT"der Ehefrau":INPUT KBEF$:KBEF=VAL(KBEF$)
:IF KBEF>100 AND KBEF<>300 THEN 1470
1480 CLS:PRINT"Hinterbliebenenbez.":INPUT"Ehefrau vorhanden"
:HBEF$:HBEF%=VAL(HBEF$):IF HBEF%<1 OR HBEF%>2 THEN 1480
1490 CLS:PRINT"wie hoch waren die":PRINT"Aufwendungen zur":P
RINT"Unterstützung u.a.":INPUT UNTER$:UNTER=VAL(UNTER$)
1500 GOTO 2130
1510 BL=0:VB=0:WK=0:LST=0:EVKI=0:RKKI=0:ALG=0
1520 CLS:PRINT"Bruttoarbeitsl.
1530 INPUTBL$:BL=VAL(BL$)
1540 PRINT"Versorgungsbez.
1550 INPUTVB$:VB=VAL(VB$)
1560 PRINT"Werbungskosten
1570 INPUTWK$:WK=VAL(WK$)
1580 CLS:PRINT"Arbeitslosengeld,
1590 PRINT"-hilfe, Schlecht-
1600 PRINT"wetter oder Kurz-
1610 PRINT"arbeitergeld
1620 LOCATE15,0:LOCATE15.3
1630 INPUTABL$:IFVAL(ABL$)<1 OR VAL(ABL$)>2 THEN 1620
1640 CLS:PRINT"Kranken- und":PRINT"Rentenvers.frei?":PRINT"(
Beamter?)"
1650 INPUTKRV$:KRV%=VAL(KRV$):IF KRV%<1 OR KRV%>2 THEN 1640
1660 IF ABL$="1"THENGOSUB 1760
1670 CLS:IF BL>0 OR VB>0 THEN PRINT"anrechenbare ":PRINT"STE
UERN" ELSE GOTO 1750
1680 PRINT"weiter mit <RET> ":
```

```
1690 Q$=INPUT$(1):IF Q$<>CHR$(13) THEN Q$="0":GOTO 1670
1700 CLS:PRINT"Lohnsteuer ":INPUT LST$:LST=VAL(LST$)
1710 PRINT"ev KiSt ":INPUT EVKI$:EVKI=VAL(EVKI$)
1720 PRINT"rk KiSt ":INPUT RKKI$:RKKI=VAL(RKKI$)
1750 RETURN
1760 CLS:PRINT"Lohnersatz-":PRINT"leistungen"
1770 PRINT"lt. LSt-Karte"
1780 INPUT ALG$:ALG=VAL(ALG$)
1790 RETURN
1800 CLS:KAP=0:WKK=0:KAPEST=0:KST=0:PRINT"Kap.einn.
1810 PRINT"Werbungsk.
1820 LOCATE12,0
1830 INPUTKAP$:KAP=VAL(KAP$)
1840 LOCATE12,1
1850 INPUTWKK$:WKK=VAL(WKK$)
1860 CLS:PRINT"anrechenbare ":PRINT"STEUERN"
1870 PRINT"weiter mit <RET> ";
1880 Q$=INPUT$(1):IF Q$<>CHR$(13) THEN Q$="0":GOTO 1860
1890 CLS:PRINT"Kapitalertragst.":INPUT KAPEST$:KAPEST=VAL(KA
PEST$):KAPEST=INT(KAPEST+.99)
1900 PRINT"Körperschaftsteuer":INPUT KST$:KST=VAL(KST$):KST=
INT(KST+.99)
1910 RETURN
1920 CLS:VUV=0
1930 PRINT"Vermietung ":PRINT"und":PRINT"Verpachtung"
1940 INPUT VUV$:VUV=VAL(VUV$)
1950 RETURN
1960 CLS:GEW=0
1970 PRINT"Gewerbebetrieb
1980 INPUT GEW$:GEW=VAL(GEW$)
1990 RETURN
2000 CLS:ST=0
2010 PRINT"selbständige":PRINT"Arbeit"
2020 INPUT ST$:ST=VAL(ST$)
2030 PRINT"Einnahmen aus ":PRINT"freiberuflicher":PRINT"Täti
gkeit":INPUT FB$:FB=VAL(FB$)
2040 RETURN
2050 CLS:LUF=0
2060 PRINT"Land- und":PRINT"Forstwirtschaft"
2070 INPUT LUF$:LUF=VAL(LUF$)
2080 RETURN
2090 CLS:SE=0:WKSE=0:LEIB=0
2100 PRINT"sonstige Eink.":LOCATE0,1:INPUT SE$:SE=VAL(SE$)
2110 PRINT"Werbungsk.":LOCATE 0,3:INPUT WKSE$:WKSE=VAL(WKSE$
)
```

```
2115 CLS:PRINT"sonstige Einkünfte.";:PRINT"die Leibrenten si
nd";:INPUT LEIB$:LEIB=VAL(LEIB$)
2120 RETURN
2130 DEFFIL72.0
2140 PUT%0,ALTEREM,ALTEREF,ANEM,AGEM,AGEF,ANEF,ABEL,ALGEM,AL
GEF
2150 DEFFIL40,72
2160 PUT%0,BLEM,BLEF,BER,BSP,BBG
2170 DEFFIL 18,112
2180 PUT%0,EEF%,EVKIEM,EVKIEF
2184 DEFFIL 16,130
2186 PUT%0,FBEM,FBEF
2190 DEFFIL 16,146
2200 PUT%0,GEWEM,GEWEF
2210 DEFFIL 86,162
2220 PUT%0,HBEM%,HBEF%,KZ%,KONEM%,KONEF%,KAPEM,KAPESTEM,KAPE
STEF,KSTEM,KAPEF,KESTEF,KIR,KBEM,KBEF,KRVEM%,KRVEF%
2230 DEFFIL 48,248
2240 PUT%0,LUFEM,LSTEM,LSTEF,LUFEF,LEIBEM,LEIBEF
2250 DEFFIL 24,296
2260 PUT%0,RKKIEM,RKKIEF,REN
2270 DEFFIL 56.320
2280 PUT%0,STEM,SEEM,STEF,SEEF,STBER,SP,SA
2290 DEFFIL 2,376
2300 PUT%0,TAB%
2310 DEFFIL 8,378
2320 PUT%0,UNTER
2330 DEFFIL 56,386
2340 PUT%0,VUVEM,VBEM,VBEF,VUVEF,VEST,VEVKI,VRKKI
2350 DEFFIL 48,442
2360 PUT%0,WKEM,WKKEM,WKEF,WKKEF,WKSEEM,WKSEEF
2370 DEFFIL 2,490
2380 PUT%0,ZK%
2390 LOAD"B",R
```

```
10 CLEAR20,630
20 WIDTH20.80
30 DEFDBL A,B.E.F.G,H.K,L.N,P,R,S,U,V,W,Z
40 DEFFIL72,0
50 GET%0.ALTEREM,ALTEREF.ANEM,AGEM,AGEF,ANEF.ABEL,ALGEM,ALGE
F
60 DEFFIL40,72
70 GET%0,BLEM.BLEF.BER.BSP.BBG
80 DEFFIL 18,112
90 GET%0.EEF%.EVKIEM.EVKIEF
94 DEFFIL 16.130
96 GET%0.FBEM.FBEF
100 DEFFIL 16.146
110 GET%0.GEWEM.GEWEF
120 DEFFIL 86.162
130 GET%0.HBEM%.HBEF%.KZ%,KONEM%.KONEF%.KAPEM,KAPESTEM,KAPES
TEF,KSTEM,KAPEF,KESTEF.KIR,KBEM,KBEF,KRVEM%.KRVEF%
140 DEFFIL 48,248
150 GET%0.LUFEM,LSTEM,LSTEF,LUFEF,LEIBEM,LEIBEF
160 DEFFIL 24.296
170 GET%0,RKKIEM.RKKIEF,REN
180 DEFFIL 56.320
190 GET%0.STEM.SEEM.STEF.SEEF.STBER,SP,SA
200 DEFFIL 2,376
210 GET%0,TAB%
220 DEFFIL 8.378
230 GET%0,UNTER
240 DEFFIL 56,386
250 GET%0.VUVEM,VBEM.VBEF.VUVEF,VEST,VEVKI,VRKKI
260 DEFFIL 48,442
270 GET%0,WKEM.WKKEM,WKEF,WKKEF,WKSEEM,WKSEEF
280 DEFFIL 2.490
290 GET%0,ZK%
291 STOP
300 NAEM=INT(BLEM+VBEM)
310 NAEF=INT(BLEF+VBEF)
320 VFBEM=INT(VBEM*.4):IF VFBEM>4800 THEN VFBEM = 4800
330 VFBEF=INT(VBEF*.4):IF VFBEF>4800 THEN VFBEF = 4800
340 NAEM=NAEM-VFBEM:NAEM=NAEM-1080:IF NAEM <0 THEN T1=NAEM*(
-1): NAEM=0
350 NAEF=NAEF-VFBEF:NAEF=NAEF-1080:IF NAEF <0 THEN T2=NAEF*(
-1): NAEF=0
360 IF WKEM=>NAEM  THEN NAEM=INT(NAEM-WKEM):IF WKEM<564 THEN
 T3=564-WKEM:GOTO 390 ELSE 390
370 IF(WKEM<564) THEN WKEM=564:NAEM=INT(NAEM-WKEM):IF NAEM<0
```

```
 THEN WKEM=564+NAEM:T3=NAEM*(-1):NAEM=0:GOTO390:ELSE 390
380 NAEM=INT(NAEM-WKEM)
390 IF WKEF=>NAEF THEN NAEF=INT(NAEF-WKEF):IF WKEF<564 THEN
T4=564-WKEF:GOTO 420 ELSE 420
400 IF(WKEF<564) THEN WKEF=564:NAEF=INT(NAEF-WKEF):IF NAEF<0
 THEN WKEF=564+NAEF:T4=NAEF*(-1):NAEF=0:GOTO420:ELSE 420
410 NAEF=INT(NAEF-WKEF)
420 KAPEM1=KAPEM:KAPEF1=KAPEF:PAUSCH=100:IF TAB%=2 THEN PAUS
CH=200
425 IF WKKEM>KAPEM OR WKKEF>KAPEF THEN IF WKKEM>KAPEM THEN P
AUSCH = PAUSCH-WKKEM:WKKEF=PAUSCH:AD%=1 ELSE PAUSCH=PAUSCH-W
KKEF:WKKEM=PAUSCH:AD%=2:GOTO 500
430 IF(WKKEM+WKKEF=>PAUSCH) AND (WKKEM+WKKEF=>KAPEM+KAPEF) T
HEN KAPEM=INT(KAPEM-WKKEM):KAPEF=INT(KAPEF-WKKEF):GOTO675
440 IF(WKKEM+WKKEF=>PAUSCH) AND (WKKEM=>KAPEM) THEN KAPEM=IN
T(KAPEM-WKKEM):KAPEF=INT(KAPEF-WKKEF):AA%=1:GOTO530
450 IF(WKKEM+WKKEF=>PAUSCH) AND (WKKEF=>KAPEF) THEN KAPEF=IN
T(KAPEF-WKKEF):KAPEM=INT(KAPEM-WKKEM):AB%=1:GOTO530
460 IF WKKEM+WKKEF=>PAUSCH THEN 480 ELSE WKKEM=100:IF TAB%=2
 THEN WKKEF=100
470 IF KAPEM<100 AND KAPEF<100 THEN WKKEM =0:WKKEF=0:GOTO 50
0
480 IF KAPEM<100 THEN WKKEF=WKKEF+(WKKEM-KAPEM):WKKEM=KAPEM
490 IF KAPEF<100 THEN WKKEM=WKKEM+(WKKEF-KAPEF):WKKEF=KAPEF
500 KAPEM=INT(KAPEM-WKKEM):KAPEF=INT(KAPEF-WKKEF)
510 IFAD%<>1 THEN IF KAPEM<0 THEN KAPEM=0
520 IF AD%<>2 THEN IF KAPEF<0 THEN KAPEF=0
530 SPEM=300:IF TAB%=2 THEN SPEF=300
540 IF (KAPEM<=0) AND (KAPEF<=0) THEN SPEM=0:SPEF=0:GOTO 675
550 IF(AA%=1)OR(AB%=1) THEN GOSUB620
560 IF SPEM+SPEF>KAPEM+KAPEF THEN SPEM=KAPEM:SPEF=KAPEF
565 IF KAPEM<0 THEN T5=KAPEM ELSE IF KAPEF<0 THEN T6=KAPEF
570 IF KAPEM<300 THEN SPEF=SPEF+(SPEM-KAPEM+T5):SPEM=KAPEM-T
6
580 IF KAPEF<300 THEN SPEM=SPEM+(SPEF-KAPEF+T6):SPEF=KAPEF-T
6
590 KAPEM=INT(KAPEM-SPEM)
600 KAPEF=INT(KAPEF-SPEF)
610 GOTO675
620 IF AA%=1 THEN SPEF=600:SPEM=0
630 IF AB%=1 THEN SPEM=600:SPEF=0
640 KAPEM=INT(KAPEM-SPEM)
650 KAPEF=INT(KAPEF-SPEF)
660 IF (AA%<>1) AND (KAPEM<0) THEN KAPEM=0
670 IF (AB%<>1) AND (KAPEF<0) THEN KAPEF=0
```

```
675 IF TAB%=1 THEN KAPEF=0:WKKEF=0
680 IF WKSEEM<200 THEN WKSEEM=200:AA%=1
690 IF TAB%=2 AND WKSEEF<200 THEN WKSEEF=200:AB%=1
700 SEEM1=SEEM:SEEF1=SEEF
710 IF AA%=1 AND SEEM<200 THEN WKSEEM=SEEM
720 IF AB%=1 AND SEEF<200 THEN WKSEEF=SEEF
730 SEEM=SEEM-WKSEEM:SEEF=SEEF-WKSEEF
740 SDEEM1=LUFEM+GEWEM+STEM+NAEM+KAPEM+VUVEM+SEEM
750 SDEEF1=LUFEF+GEWEF+STEF+NAEF+KAPEF+VUVEF+SEEF:IF TAB%=1
THEN SDEEF1=0
760 AEEM=0:AEEF=0:IF ALTEREM<190102 THEN ALTEREM=2:ELSE ALTE
REM=1
770 IF ALTEREF<190102 THEN ALTEREF=2:ELSE ALTEREF=1
780 IF(ALTEREM=2)AND(ALTEREF=2) THEN GOSUB820:GOSUB 870:GOTO
920
790 IF(ALTEREM=2)AND(ALTEREF=1)THEN GOSUB 870:GOTO920
800 IF(ALTEREM=1)AND(ALTEREF=2)THEN GOSUB 820:GOTO920
810 GOTO 920
820 AEEF=LUFEF+GEWEF+STEF+KAPEF+VUVEF+(SEEF-LEIBEF)
830 IF AEEF<0 THEN AEEF=0
840 AEEF=AEEF+BLEF:AEEF=INT(AEEF*.4)
850 IF AEEF>3000 THEN AEEF=3000
855 IF TAB%=1 THEN AEEF=0
860 RETURN
870 AEEM=LUFEM+GEWEM+STEM+KAPEM+VUVEM+(SEEM-LEIBEM)
880 IF AEEM<0 THEN AEEM=0
890 AEEM=AEEM+BLEM:AEEM=INT(AEEM*.4)
900 IF AEEM>3000 THEN AEEM=3000
910 RETURN
920 SDEEM=SDEEM1-AEEM
930 SDEEF=SDEEF1-AEEF
940 LUFEM1=LUFEM:LUFEF1=LUFEF:FLUFEM=2000:IF TAB%=2 THEN FLU
FEF=2000
950 IF LUFEM1<=0 AND LUFEF1<=0 THEN FLUFEM=0:FLUFEF=0:GOTO 1
020
960 IF LUFEM1>=FLUFEM AND LUFEF1>=FLUFEF THEN 1020
970 IF LUFEM1<=0 THEN FLUFEF=FLUFEM+FLUFEF:FLUFEM=0:IF FLUFE
F>LUFEF1 THEN FLUFEF=LUFEF1:GOTO 1020 ELSE 1020
980 IF LUFEF1<=0 THEN FLUFEM=FLUFEM+FLUFEF:FLUFEF=0:IF FLUFE
M>LUFEM1 THEN FLUFEM=LUFEM1:GOTO 1020 ELSE 1020
990 IF LUFEM1<FLUFEM AND LUFEF1>=FLUFEF THEN FLUFEM = LUFEM1
:FLUFEF=FLUFEF+2000-LUFEM1:IF FLUFEF>LUFEF1 THEN FLUFEF=LUFE
F1:GOTO 1020
1000 IF LUFEF1<FLUFEF AND LUFEM1>=FLUFEM THEN FLUFEF=LUFEF1:
FLUFEM=FLUFEM+2000-LUFEF1:IF FLUFEM>LUFEM1 THEN FLUFEM=LUFEM
```

```
1
1020 GDEEM=SDEEM-FLUFEM:GDEEF=SDEEF-FLUFEF:GDE=GDEEM+GDEEF
1030 WF=600
1040 IF ALTEREM=2 THEN IF BLEM>7500 THEN AEEM1=3000 ELSE AEE
M1=CINT(BLEM*.4)
1050 BBLEM=BLEM+VBEM-VFBEM-WF-AEEM1:IF BBLEM>BBG THEN BBLEM=
BBG
1060 BBLEM=BBLEM/100*9:BBLEM=CINT(BBLEM)
1070 IF BBLEM<0 THEN BBLEM=0
1080 IF TAB%=2 AND BLEF<0 THEN 1120
1090 IF ALTEREF=2 THEN IF BLEF>7500 THEN AEEF1=3000 ELSE AEE
F1=CINT(BLEF*.4)
1100 BBLEF=BLEF+VBEF-VFBEF-WF-AEEF1:IF BBLEF>BBG THEN BBLEF=
BBG
1110 BBLEF=BBLEF/100*9:BBLEF=CINT(BBLEF)
1120 IF BBLEF<0 THEN BBLEF=0
1125 IF TAB%=1 THEN IF KRVEM%=1 THEN GOSUB 1240:GOSUB 1340:G
OTO1540 ELSE GOSUB 1210:GOSUB 1300:GOTO 1540
1130 IF KRVEM%=2 AND KRVEF%=2 THEN GOSUB 1210:GOSUB1300:GOTO
1540
1140 IF KRVEM%+KRVEF% = 2 THEN GOSUB 1240:GOSUB 1340:GOTO154
0
1150 IF KRVEM%=1 THEN GOSUB 1210:GOSUB 1240:GOSUB 1270:GOSUB
 1380:GOTO 1540
1160 IF KRVEF%=1 THEN GOSUB 1210:GOSUB 1240:GOSUB 1270
1170 SWAP BBLEM,BBLEF
1180 IF TAB%=1 THEN KRVEF%=KRVEM%:IF KRVEM%=1 THEN GOSUB 127
0:GOSUB 1300:GOSUB 1330:GOSUB 1450:GOTO 1620 ELSE GOSUB 1270
:GOSUB 1370:GOTO 1620
1190 SWAP BBLEM,BBLEF
1200 GOTO 1540
1210 VSPMAX1=(2340*TAB%)+(600*KZ%)+(300*ZK%)
1220 VSPMAX2=VSPMAX1*.5
1230 RETURN
1240 VSPMAX3=(1000*TAB%)+(600*KZ%)+(300*ZK%)
1250 VSPMAX4=(VSPMAX3*.5)+(500*TAB%)
1260 RETURN
1270 VSPMAX5=1000+(600*KZ%)+(300*ZK%)
1280 VSPMAX6=(VSPMAX5*.5)+500
1290 RETURN
1300 BBL=BBLEM+BBLEF
1310 IF BBL>VSPMAX1 THEN HB1=VSPMAX1 ELSE HB1=BBL
1320 IF BBL>VSPMAX2 THEN HB2 = VSPMAX2 ELSE HB2 = BBL
1330 VSP=HB1+HB2:RETURN
1340 BBL=BBLEM+BBLEF
1350 IF BBL>VSPMAX3 THEN HB3=VSPMAX3 ELSE HB3 = BBL
1360 IF BBL>VSPMAX4 THEN HB4=VSPMAX4 ELSE HB4 = BBL
```

```
1370 VSP=HB3+HB4:RETURN
1380 IF BBLEM>VSPMAX3 THEN HB3 = VSPMAX3 ELSE HB3=BBLEM
1390 IF BBLEM>VSPMAX4 THEN HB4=VSPMAX4 ELSE HB4=BBLEM
1400 HB3=HB3+HB4
1410 IF BBLEM>VSPMAX1 THEN HB1 = VSPMAX1 ELSE HB1 = BBLEM
1420 IF BBLEM>VSPMAX2 THEN HB2=VSPMAX2 ELSE HB2=BBLEM
1430 HB1=HB1+HB2
1440 IF BBLEM>VSPMAX5 THEN HB5 = VSPMAX5 ELSE HB5 = BBLEM
1450 IF BBLEM>VSPMAX6 THEN HB6= VSPMAX6 ELSE HB6 = BBLEM
1460 HB5=(BBLEF*2)+HB5+HB6
1470 HB6=HB5-VSPMAX1
1480 IF HB6<0 OR HB6 = 0 THEN HB7=HB5:GOTO1510 ELSE HB7=VSPM
AX1
1490 HB6=HB5-HB7
1500 IF HB6*.5<VSPMAX2 THENHB8=HB6*.5 ELSE HB8 = VSPMAX2
1510 VSP=HB7+HB8
1520 IF VSP<HB3 THEN VSP=HB3
1525 IF VSP<300*TAB% THEN VSP=300*TAB%
1530 RETURN
1540 VSP=INT(VSP/54)*54
1550 VWA=3000*TAB%
1560 SA=SA+ANEM+ANEF:SA2=SA:IF SA=0 THEN 1700
1570 IF KRVEM%=1 THEN AGEM=BLEM/100*9:IF AGEM>(BBG*9/100) TH
EN AGEM = BBG*9/100
1580 IF KRVEF%=1 THEN AGEF=BLEF/100*9:IF AGEF>(BBG*9/100) TH
EN AGEF = BBG*9/100
1590 VWA=VWA-(AGEM+AGEF):IF VWA<0 THEN VWA=0
1600 SA=SA-VWA:IF SA<=0 THEN VWA=VWA+SA:AA=VWA:GOTO1690
1610 AA=VWA
1620 SA=SA+BSP
1630 HB1=(2340*TAB%)+(600*KZ%)+(300*ZK%)
1640 HB2=HB1*.5
1650 SA=SA-HB1:IF SA<0 THEN AB=SA+HB1:GOTO1690
1660 AB=HB1
1670 SA=SA*.5-HB2:IF SA<0 THEN AC=SA+HB2:GOTO1690
1680 AC=HB2
1690 SA=AA+AB+AC
1700 IF BLEM=0 AND BLEF=0 THEN MIN=300*TAB%
1710 IF SA>VSP AND SA=>MIN THEN SOA=SA
1720 IF SA<VSP AND SA=>MIN THEN SOA=VSP
1730 IF MIN>SA AND SA=>VSP THEN SOA=MIN
1740 IF VSP>=SA AND VSP=>MIN THEN SOA=VSP
1750 SA=INT(SOA+.5)
1760 IF BER>1200 THEN BER=1200
1770 SA1=REN+KIR+STBER+BER+SP
```

```
1780 IF SA1<270*TAB% THEN SA1=270*TAB%
1790 ZS=GDE-SA1
1800 ZS=ZS-SA
1810 'FREIBETRAG $ 18 ESTG
1820 IF(SDEEM-STEM)>=STEM THEN FBEM=0:GOTO 1870
1830 FBEM=INT(FBEM*.05+.5)
1840 IF FBEM>1200 THEN FBEM=1200
1850 IF FBEM<0 THEN FBEM=0
1860 IF STEF=0 THEN 1910
1870 IF(SDEEF-STEF)>=STEF THEN FBEF=0:GOTO 1910
1880 FBEF=INT(FBEF*.05+.5)
1890 IF FBEF>1200 THEN FBEF=1200
1900 IF FBEF<0 THEN FBEF=0
1910 FB=FBEM+FBEF
1920 K%=KZ%+ZK%
1930 IF K%<>0 THEN 1980
1940 IF GDE<=30000 THEN P% = 5: IF TAB%=2 THEN P% =4
1950 IF GDE>30000 THEN P% = 6: IF TAB%=2 THEN P%=5
1960 IF GDE>100000 THEN P% = 7: IF TAB% = 2 THEN P%=6
1970 GOTO 2050
1980 IF K%>2 THEN 2030
1990 IF GDE<=30000 THEN P%=2
2000 IF GDE>30000 THEN P%=3
2010 IF GDE>100000 THEN P%=4
2020 GOTO2050
2030 IF GDE<=100000 THEN P% = 1
2040 IF GDE>100000 THEN P% = 2
2050 ZWS = INT(P% * GDE/100):IF ZWS<0 THEN ZWS=0
2060 ABEL1 = ABEL - ZWS: IF ABEL1<0 THEN ABEL1 = 0
2070 KB=KBEM:HB%=HBEM%:GOSUB 2080:KBEM1=KB1:KB1=0:KB=0:HB%=0
:KB=KBEF:HB%=HBEF%:GOSUB 2080:KBEF1=KB1:GOTO2190
2080 IF KB>=25 THEN KB1 = 600
2090 IF KB>=35 THEN KB1 = 840
2100 IF KB>=45 THEN KB1 = 1110
2110 IF KB>=55 THEN KB1 = 1410
2120 IF KB>=65 THEN KB1 = 1740
2130 IF KB>=75 THEN KB1 = 2070
2140 IF KB>=85 THEN KB1 = 2400
2150 IF KB>=91 THEN KB1 = 2760
2160 IF KB=300 THEN KB1 = 7200
2170 IF HB%=1 THEN KB1=KB1+720
2180 RETURN
2190 KB1=KBEM1+KBEF1
2200 EINKOMMEN=ZS-FB-ABEL1-KB1-UNTER
2210 IF ALTEREM=2 THEN ALTEREM1 =720
```

```
2220 IF ALTEREF=2 THEN ALTEREF1=720
2230 ALTER=ALTEREM1+ALTEREF1
2240 IF TAB%=1 AND KZ%>0 THEN HF=4212
2250 KF=(KZ%*432)+(ZK%*216)
2260 AA=(SDEEM+SDEEF)-(NAEM+NAEF)
2270 IF AA<0 THEN 2290 ELSE IF AA<=800 THEN LST%=1:HA=AA: EL
SE LST%=0:IF AA<=1600 THEN HA= 1600-AA
2280 IF EINKOMMEN >TAB%*24000 THEN HA=0:LST%=0
2290 ZVE=EINKOMMEN-ALTER-HF-KF-HA
2300 KST=KSTEM+KSTEF:KAPEST=KAPESTEM+KAPESTEF
2310 DEFFIL72,0
2320 PUT%0,AEEM,AEEF,ABEL1,ALTER,ALGEM,ALGEF,ABEL,AEEM1,AEEF
1
2330 DEFFIL 24,72
2340 PUT%0,BLEM,BLEF,BSP
2350 DEFFIL 24,96
2360 PUT%0,EINKOMMEN,EVKIEM,EVKIEF
2370 DEFFIL24,120
2380 PUT%0,FLUFEM,FLUFEF,FB
2390 DEFFIL32,144
2400 PUT%0,GDEEM,GDEEF,GEWEM,GEWEF
2410 DEFFIL 16,176
2420 PUT%0,HF,HA
2430 DEFFIL 86,192
2440 PUT%0,KAPEM1,KAPEF1,KAPEM,KAPEF,KB1,KF,KISTEM,KISTEF,KO
NEM%,KONEF%,KAPEST,KST,KZ%
2450 DEFFIL 34,278
2460 PUT%0,LUFEM1,LUFEF1,LST%,LSTEM,LSTEF
2470 DEFFIL 16,312
2480 PUT%0,NAEM,NAEF
2490 DEFFIL 2,328
2500 PUT%0,P%
2510 DEFFIL 16,330
2520 PUT%0,RKKIEM,RKKIEF
2530 DEFFIL 104,346
2540 PUT%0,SPEM,SPEF,SEEM1,SEEF1,SEEM,SEEF,SDEEM,SDEEF,SA2,S
A,SA1,STEM,STEF
2550 DEFFIL 34,450
2560 PUT%0,TAB%,T1,T2,T3,T4
2570 DEFFIL 8,484
2580 PUT%0,UNTER
2590 DEFFIL 72,492
2600 PUT%0,VFBEM,VFBEF,VBEM,VBEF,VUVEM,VUVEF,VEST,VEVKI,VRKK
I
2610 DEFFIL 48,564
```

```
2620 PUT%0,WKEM,WKEF,WKKEM,WKKEF,WKSEEM,WKSEEF
2630 DEFFIL 18,612
2640 PUT%0,ZWS,ZVE,ZK%
2650 CLS:PRINT"Ausdruck auf":PRINT"1< externen Drucker":PRIN
T"2< Miniprinter":Q$=INPUT$(1):DRUCK=VAL(Q$):IF DRUCK <1 OR
DRUCK >2 THEN 2650 ELSE ON DRUCK GOTO2660,2670
2660 WIND 2500:LOAD"A/FX",R
2670 LOAD"A/LPD",R
```

```
10 CLEAR20.630
20 WIDTH20.80
30 DEFDBLA.B,E,F,G,H,K,L,N,P,R,S,U,V,W,Z
5130 DEFFIL 72,0
5140 GET%0,AEEM,AEEF,ABEL1,ALTER,ALGEM,ALGEF,ABEL,AEEM1,AEEF
1
5150 DEFFIL 24,72
5160 GET%0,BLEM,BLEF,BSP
5170 DEFFIL 24,96
5180 GET%0,EINKOMMEN,EVKIEM,EVKIEF
5190 DEFFIL24,120
5200 GET%0,FLUFEM,FLUFEF,FB
5210 DEFFIL32,144
5220 GET%0,GDEEM,GDEEF,GEWEM,GEWEF
5230 DEFFIL 16,176
5240 GET%0,HF,HA
5250 DEFFIL 86,192
5260 GET%0,KAPEM1,KAPEF1,KAPEM,KAPEF,KB1,KF,KISTEM,KISTEF,KO
NEM%,KONEF%,KAPEST,KST,KZ%
5270 DEFFIL 34,278
5280 GET%0,LUFEM1,LUFEF1,LST%,LSTEM,LSTEF
5290 DEFFIL 16,312
5300 GET%0,NAEM,NAEF
5310 DEFFIL 2,328
5320 GET%0,P%
5330 DEFFIL 16,330
5340 GET%0,RKKIEM,RKKIEF
5350 DEFFIL 104,346
5360 GET%0,SPEM,SPEF,SEEM1,SEEF1,SEEM,SEEF,SDEEM,SDEEF,SA2,S
A,SA1,STEM,STEF
5370 DEFFIL 34,450
5380 GET%0,TAB%,T1,T2,T3,T4
5390 DEFFIL 8,484
5400 GET%0,UNTER
5410 DEFFIL 72,492
5420 GET%0,VFBEM,VFBEF,VBEM,VBEF,VUVEM,VUVEF,VEST,VEVKI,VRKK
I
5430 DEFFIL 48,564
5440 GET%0,WKEM,WKEF,WKKEM,WKKEF,WKSEEM,WKSEEF
5450 DEFFIL 18,612
5460 GET%0,ZWS,ZVE,ZK%
5470 ALG1=ALGEM+ALGEF:TAB1%=TAB%
6000 IF ALGEM>0 OR ALGEF>0 THEN L%=1:ALGEM=ALGEM-T1-T3:ALGEF
=ALGEF-T2-T4
```

```
6002 IF ALGEM<0 THEN ALGEF=0
6005 IF ALGEF<0 THEN ALGEF=0
6007 IF L%<>1 THEN 10030
6010 ZVE2=ZVE
6020 ZVE1=ZVE+ALGEM+ALGEF:ALG=ALGEM+ALGEF:IF ZVE1<=0 THEN ZV
E1=1
6030 ZVE=ZVE1
10000 GOSUB10040:IF ZVE1=1 THEN ZVE=1
10010 PROG=INT(S/ZVE*100000000)/1000000
10015 ZVE=ZVE2:GOSUB10040:S=INT((ZVE*PROG)/100)
10020 GOTO10180
10030 ZVE2=ZVE:GOSUB10040:GOTO10180
10040 A=10000:B=1000
10050 IF ZVE < 0 THEN ZVE=0
10060 IF TAB% = 2 THEN ZVE=ZVE/2
10070 ZVE=INT(ZVE/54)*54
10080 Y=(ZVE-18*B)/A:Y=INT(Y*A*10)/(A*10)
10090 Z=(ZVE-6*A)/A:Z=INT(Z*A*10)/(A*10)
10100 IF ZVE<4213 THEN S=0:GOTO10150
10110 IF ZVE<18001 THEN S=.22* ZVE-926:GOTO10150
10120 IF ZVE<6*A THEN S=FIX(FIX(FIX(FIX(3.05*B*Y)-73.76*B)*Y
+695*B)*Y+2200*B)/B*Y+3034:GOTO10150
10130 IF ZVE<13*A THEN S=FIX(FIX(FIX(FIX(.09*B*Z)-5.45*B)*Z+
88.13*B)*Z+5040*B)/B*Z+20018:GOTO 10150
10140 S=.56*ZVE-14837
10150 S=INT(S)
10160 IF TAB%=2 THEN S=S*2:ZVE=ZVE*2
10170 RETURN
10180 ST=S:STEUER=S
10190 IF TAB1%=1 THEN 10250
10200 ZVE=GDEEM:TAB%=1:GOSUB10040:ST1=S
10210 ZVE=GDEEF:TAB%=1:GOSUB10040:ST2=S
10220 ST3=ST1+ST2:IF ST3<=0 THEN ST3=1
10230 KIPEM=ST1/ST3*100
10240 KIPEF=ST2/ST3*100
10250 IF KZ%=1 THEN KIA=600
10260 IF KZ%=2 THEN KIA=1560
10270 IF KZ%>2 THEN KIA=1560+((KZ%-2)*1800)
10280 ST=ST-KIA:IF ST<0 THEN ST=0
10290 KIST=ST*9/100
10300 KISTEM=KIST*KIPEM/100:IF TAB1%=1 THEN KISTEM=INT(KIST)
:GOTO 11040
10310 KISTEF=KIST*KIPEF/100
10320 IF KAPEST>0 THEN LST%=0
11040 IF LST%=1 THEN LPRINT"LStJA" ELSE LPRINT "ESt-Berechnu
```

```
ng"
11045 LPRINT"§13=";LUFEM1,LUFEF1
11050 LPRINT"§15=";GEWEM,GEWEF
11060 LPRINT"§18=";STEM,STEF
11070 LPRINT"§19=";BLEM,BLEF
11080 LPRINT"+VB ";VBEM,VBEF
11090 LPRINT"-VFB";VFBEM,VFBEF
11100 LPRINT"-   ";1080-T1,1080-T2
11110 LPRINT"-WK=";WKEM,WKEF
11120 LPRINT"VERB";NAEM,NAEF
11130 LPRINT"§20=";KAPEM1,KAPEF1
11140 LPRINT"-WK=";WKKEM,WKKEF
11150 LPRINT"-SP=";SPEM,SPEF
11160 LPRINT"VERB";KAPEM,KAPEF
11170 LPRINT"§21=";VUVEM,VUVEF
11180 LPRINT"§22=";SEEM1,SEEF1
11190 LPRINT"-WK=";WKSEEM,WKSEEF
11200 LPRINT"VERB";SEEM,SEEF
11210 LPRINT"SDE=";SDEEM1,SDEEF1
11220 LPRINT"ALTE";AEEM,AEEF
11230 LPRINT"FLUF";FLUFEM,FLUFEF
11240 LPRINT"GDE ";GDEEM,GDEEF
11250 LPRINT"SA unbeschr.",SA1
11260 LPRINT"SA beschr.",SA2
11270 LPRINT"BauSp=",BSP
11280 LPRINT"SA= ",SA
11290 LPRINT"FreiB§18= ",FB
11300 LPRINT"Außer",ABEL
11310 LPRINT"P%  ";P%
11320 LPRINT"überbel.",ABEL1
11330 LPRINT"Unterst.",UNTER
11340 LPRINT"KB  ",KB1
11350 LPRINT"EINK",EINKOMMEN
11360 LPRINT"ALTE",ALTER
11370 LPRINT"HF =",HF
11380 LPRINT"KF =",KF
11390 LPRINT"HA =",HA
11400 LPRINT"ZVE  ",ZVE2
11405 LPRINT"STEU ",STEUER
11410 LPRINT"KiSt=",INT(KISTEM+KISTEF)
11430 LPRINT"Abrechnung"
11440 LPRINT"ESt =",STEUER
11450 LPRINT"KiSt=",INT(KISTEM+KISTEF)
11460 LPRINT"LSt =",LSTEM+LSTEF+EVKISTEM+EVKISTEF+RKKISTEM+R
KKISTEF
```

```
11470 LPRINT"KapESt",KAPEST
11480 LPRINT"KSt=",KST
11490 LPRINT"Voraus=",VEST+VEVKI+VRKKI
11500 KIST=INT(KISTEM+KISTEF):AA=STEUER+KIST-LSTEM-LSTEF-EVK
IEM-EVKIEF-RKKIEM-RKKIEF-KAPEST-KST-VEST-VEVKI-VRKKI
11510 IF AA<0 THEN LPRINT"Erstattung" ELSE LPRINT"Nachzahlun
g"
11520 IF AA<0 THEN AA=AA*(-1)
11530 LPRINT AA
11540 END
```

```
1 OPEN"O",#1,"COM0:(68N2B)":'Druckeransteuerung, vgl. Handbu
ch
2 PRINT#1,CHR$(27);CHR$(15);
3 PRINT#1,CHR$(27);"1";CHR$(10);:CLOSE
4 WIDTH"COM0:",120
10 CLEAR20,630
20 WIDTH20,8
30 DEFDBLA,B,E,F,G,H,K,L,N,P,R,S,U,V,W,Z
40 DEFFIL 72,0
50 GET%0,AEEM,AEEF,ABEL1,ALTER,ALGEM,ALGEF,ABEL,AEEM1,AEEF1
60 DEFFIL 24,72
70 GET%0,BLEM,BLEF,BSP
80 DEFFIL 24,96
90 GET%0,EINKOMMEN,EVKIEM,EVKIEF
100 DEFFIL24,120
110 GET%0,FLUFEM,FLUFEF,FB
120 DEFFIL32,144
130 GET%0,GDEEM,GDEEF,GEWEM,GEWEF
140 DEFFIL 16,176
150 GET%0,HF,HA
160 DEFFIL 86,192
170 GET%0,KAPEM1,KAPEF1,KAPEM,KAPEF,KB1,KF,KISTEM,KISTEF,KON
EM%,KONEF%,KAPEST,KST,KZ%
180 DEFFIL 34,278
190 GET%0,LUFEM1,LUFEF1,LST%,LSTEM,LSTEF
200 DEFFIL 16,312
210 GET%0,NAEM,NAEF
220 DEFFIL 2,328
230 GET%0,P%
240 DEFFIL 16,330
250 GET%0,RKKIEM,RKKIEF
260 DEFFIL 120,346
270 GET%0,SPEM,SPEF,SEEM1,SEEF1,SEEM,SEEF,SDEEM,SDEEF,SA2,SA
,SA1,STEM,STEF
280 DEFFIL 34,450
290 GET%0,TAB%,T1,T2,T3,T4
300 DEFFIL 8,484
310 GET%0,UNTER
320 DEFFIL 72,492
330 GET%0,VFBEM,VFBEF,VBEM,VBEF,VUVEM,VUVEF,VEST,VEVKI,VRKKI
340 DEFFIL 48,564
350 GET%0,WKEM,WKEF,WKKEM,WKKEF,WKSEEM,WKSEEF
360 DEFFIL 18,612
370 GET%0,ZWS,ZVE,ZK%
```

```
380 ALG1=ALGEM+ALGEF:TAB1%=TAB%
390 IF ALGEM>0 OR ALGEF>0 THEN L%=1:ALGEM=ALGEM-T1-T3:ALGEF=
ALGEF-T2-T4
400 IF ALGEM<0 THEN ALGEM=0
410 IF ALGEF<0 THEN ALGEF=0
420 IFL%<>1 THEN 490
430 ZVE2=ZVE
440 ZVE1=ZVE+ALGEM+ALGEF:ALG=ALGEM+ALGEF:IF ZVE1<=0 THEN ZVE
1=1
450 ZVE=ZVE1
460 GOSUB500:IF ZVE1=1 THEN ZVE=1
465 PROG=INT(S/ZVE*100000000)/1000000
470 ZVE=ZVE2:GOSUB500:S=INT((ZVE*PROG)/100)
480 GOTO640
490 ZVE2=ZVE:GOSUB500:GOTO640
500 A=10000:B=1000
510 IF ZVE < 0 THEN ZVE=0
520 IF TAB% = 2 THEN ZVE=ZVE/2
530 ZVE=INT(ZVE/54)*54
540 Y=(ZVE-18*B)/A:Y=INT(Y*A*10)/(A*10)
550 Z=(ZVE-6*A)/A:Z=INT(Z*A*10)/(A*10)
560 IF ZVE<4213 THEN S=0:GOTO610
570 IF ZVE<18001 THEN S=.22* ZVE-926:GOTO610
580 IF ZVE<6*A THEN S=FIX(FIX(FIX(FIX(3.05*B*Y)-73.76*B)*Y+6
95*B)*Y+2200*B)/B*Y+3034:GOTO610
590 IF ZVE<13*A THEN S=FIX(FIX(FIX(FIX(.09*B*Z)-5.45*B)*Z+88
.13*B)*Z+5040*B)/B*Z+20018:GOTO610
600 S=.56*ZVE-14837
610 S=INT(S)
620 IF TAB%=2 THEN S=S*2:ZVE=ZVE*2
630 RETURN
640 ST=S:STEUER=S
650 IF TAB%=1 THEN 710
660 ZVE=GDEEM:TAB%=1:GOSUB500:ST1=S
670 ZVE=GDEEF:TAB%=1:GOSUB500:ST2=S
680 ST3=ST1+ST2:IF ST3<=0 THEN ST3=1
690 KIPEM=ST1/ST3*100
700 KIPEF=ST2/ST3*100
710 IF KZ%=1 THEN KIA=600
720 IF KZ%=2 THEN KIA=1560
730 IF KZ%>2 THEN KIA=1560+((KZ%-2)*1800)
740 ST=ST-KIA:IF ST<0 THEN ST=0
750 KIST=ST*9/100
760 KISTEM=KIST*KIPEM/100:IF TAB1%=1 THEN KISTEM=INT(KIST):G
OTO 780
```

```
770 KISTEF=KIST*KIPEF/100
780 Y$="     ":Y1$="  -  "
785 IF KAPEST>0 THEN LST%=0
790 Z$="######,##"
800 A$="Berechnung "
810 A1$="der Einkommensteuer "
820 A2$="des Erstattungsbetrages für den Lohnsteuerjahresaus
gleich "
830 A3$=""
840 B$="  Ehemann"
850 B1$="  Ehefrau"
860 B2$="insgesamt
870 C$="Eink. aus "
880 C1$="Land- und Forstw.
890 C2$="Gewerbebetrieb"
900 C3$="selbst. Arbeit
910 C4$="nichtselbst.Arbeit
920 C5$="Bruttoarbeitslohn
930 C6$="Versorgungs-Freibetr.
940 C7$="Weihnachts/Arbeitnehmer-Freibetr."
950 C8$="verbleiben
960 C10$="Werbungskosten(-Pauschbetr.)
970 C11$="Einkünfte
980 C12$="Kapitalvermögen
990 C13$="Einnahmen
1000 C15$="Sparer-Freibetr.
1010 D$="Vermiet. u. Verp."
1020 D1$="Sonstige Einkünfte
1030 D3$="Altersentlastungsbetr.
1040 D4$="Summe der "
1050 D5$="Freibetr.für Land-u.Forstwirte
1060 D6$="Gesamtbetr. d. "
1070 D7$="Sonderausgaben-Pauschbetrag
1080 D8$="Versicherungsbeitr.
1090 D9$="davon abzugsfähig
1100 D10$="Freibetrag für freie Berufe
1110 D11$="Bausparbeiträge"
1120 E$="außergewöhnl.Belastungen
1130 E1$="zumutbare Belast.
1140 E2$="% von "
1150 E3$="überbelastungsbetr.
1160 E4$="Pauschbetr. für Körperbehinderte
1170 E5$="Einkommen
1180 E6$="Härteausgleich
1190 E7$="Freibetrag für freie Berufe
```

```
1200 E8$="Hausgehilfin/Unterhaltsaufw./Ausbildungsfreibetr."
1210 E9$="Altersfreibetrag
1220 E10$="Haushaltsfreibetrag
1230 E12$="Kinderfreibetrag"
1240 E11$="zu versteuerndes "
1250 F$="Berechnung der "
1260 F1$="zu versteuern nach der "
1270 F2$="Grundtabelle"
1280 F3$="Splittingtabelle"
1290 F4$="Kirchensteuer "
1300 F5$="Einkommensteuer
1310 F6$="ev. "
1320 F7$="rk. "
1330 F8$="Erstattung (-)/Nachzahlung
1340 F9$="Steuer lt. Berechnung
1350 F10$="Steuerabzug vom Lohn
1360 F11$="Vorauszahlungen
1370 G$="Verbleibende Steuer
1380 H$="Kapitalertragsteuer
1390 H1$="Körperschaftsteuer
1400 Y2$="  + "
1410 H2$="Versorgungsbezüge"
1420 H3$="Kinderabzugsbeträge"
1430 H4$="Bemessungsgrundlage"
1440 OPEN"O",#1,"COMO:(68N2B)"
1450 GOSUB 2420:GOSUB 2500
1460 GOSUB 2470
1470 PRINT#1,CHR$(9);A$;:IF LST%=1 THEN PRINT#1,A2$;A3$ ELSE
PRINT#1,A1$;A3$
1480 GOSUB 2510
1490 GOSUB 2440:GOSUB 2530
1500 PRINT#1,CHR$(9);B$;CHR$(9);B1$;CHR$(9);B2$
1510 GOSUB 2430:IF LST%=1 THEN 1560
1520 GOSUB2500:PRINT#1,C$;C1$;CHR$(9);:GOSUB2510:PRINT#1,USI
NGZ$;LUFEM1;:PRINT#1,CHR$(9);:PRINT#1,USINGZ$;LUFEF1;:PRINT#
1,CHR$(9);:PRINT#1,USINGZ$;LUFEM1+LUFEF1
1530 GOSUB2500:PRINT#1,C$;C2$;CHR$(9);:GOSUB2510:PRINT#1,USI
NGZ$;GEWEM;:PRINT#1,CHR$(9);:PRINT#1,USINGZ$;GEWEF;:PRINT#1,
CHR$(9);:PRINT#1,USINGZ$;GEWEM+GEWEF
1540 GOSUB2500:PRINT#1,C$;C3$;CHR$(9);:GOSUB 2510:PRINT#1,US
INGZ$;STEM;:PRINT#1,CHR$(9);:PRINT#1,USINGZ$;STEF;:PRINT#1,C
HR$(9);:PRINT#1,USINGZ$;STEM+STEF
1550 GOSUB 2500:PRINT#1,C$;C4$:GOSUB 2510
1560 PRINT#1,Y$;C5$;CHR$(9);:PRINT#1,USINGZ$;BLEM;:PRINT#1,C
HR$(9);:PRINT#1,USINGZ$;BLEF
```

```
1570 PRINT#1,Y2$;H2$;CHR$(9);:PRINT#1,USINGZ$;VBEM;:PRINT#1,
CHR$(9);:PRINT#1,USINGZ$;VBEF
1580 PRINT#1,Y1$;C6$;CHR$(9);:PRINT#1,USINGZ$;VFBEM;:PRINT#1
,CHR$(9);:PRINT#1,USINGZ$;VFBEF
1590 PRINT#1,Y1$;C7$;CHR$(9);:PRINT#1,USINGZ$;1080-T1;:PRINT
#1,CHR$(9);:PRINT#1,USINGZ$;1080-T2
1600 GOSUB 2420
1610 PRINT#1,Y1$;C10$;CHR$(9);:PRINT#1,USINGZ$;WKEM;:PRINT#1
,CHR$(9);:PRINT#1,USINGZ$;WKEF
1620 GOSUB 2430
1630 PRINT#1,Y$;C8$;CHR$(9);:PRINT#1,USINGZ$;NAEM;:PRINT#1,C
HR$(9);:PRINT#1,USINGZ$;NAEF;:PRINT#1,CHR$(9);:PRINT#1,USING
Z$;NAEM+NAEF:IF LST%=1 THEN 1880
1640 GOSUB 2500:PRINT#1,C$;C12$:GOSUB 2510
1650 PRINT#1,Y$;C13$;CHR$(9);:PRINT#1,USINGZ$;KAPEM1;:PRINT#
1,CHR$(9);:PRINT#1,USINGZ$;KAPEF1
1660 PRINT#1,Y1$;C10$;CHR$(9);:PRINT#1,USINGZ$;WKKEM;:PRINT#
1,CHR$(9);:PRINT#1,USINGZ$;WKKEF
1670 GOSUB2420
1680 PRINT#1,Y1$;C15$;CHR$(9);:PRINT#1,USINGZ$;SPEM;:PRINT#1
,CHR$(9);:PRINT#1,USINGZ$;SPEF
1690 GOSUB2430
1700 PRINT#1,Y$;C8$;CHR$(9);:PRINT#1,USINGZ$;KAPEM;:PRINT#1,
CHR$(9);:PRINT#1,USINGZ$;KAPEF;:PRINT#1,CHR$(9);:PRINT#1,USI
NGZ$;KAPEM+KAPEF
1710 GOSUB 2500:PRINT#1,C$;D$;CHR$(9);:GOSUB 2510:PRINT#1,US
INGZ$;VUVEM;:PRINT#1,CHR$(9);:PRINT#1,USINGZ$;VUVEF;:PRINT#1
,CHR$(9);:PRINT#1,USINGZ$;VUVEM+VUVEF
1720 GOSUB 2500:PRINT#1,D1$:GOSUB 2510
1730 PRINT#1,Y$;C13$;CHR$(9);:PRINT#1,USINGZ$;SEEM1;:PRINT#1
,CHR$(9);:PRINT#1,USINGZ$;SEEF1
1740 GOSUB 2420
1750 PRINT#1,Y1$;C10$;CHR$(9);:PRINT#1,USINGZ$;WKSEEM;:PRINT
#1,CHR$(9);:PRINT#1,USINGZ$;WKSEEF
1760 GOSUB2430
1770 PRINT#1,Y$;C8$;CHR$(9);:PRINT#1,USINGZ$;SEEM;:PRINT#1,C
HR$(9);:PRINT#1,USINGZ$;SEEF;:PRINT#1,CHR$(9);:PRINT#1,USING
Z$;SEEM+SEEF
1780 GOSUB 2430
1790 PRINT#1,"
1800 GOSUB 2500:PRINT#1,D4$;C11$;CHR$(9);:GOSUB 2510:PRINT#1
,USINGZ$;SDEEM1;:PRINT#1,CHR$(9);:PRINT#1,USINGZ$;SDEEF1;:PR
INT#1,CHR$(9);:PRINT#1,USINGZ$;SDEEM1+SDEEF1
1810 PRINT#1,Y1$;D3$;CHR$(9);:PRINT#1,USINGZ$;AEEM;:PRINT#1,
CHR$(9);:PRINT#1,USINGZ$;AEEF;:PRINT#1,CHR$(9);:PRINT#1,USIN
```

```
GZ$;AEEM+AEEF:IF LST%=1 THEN 1870
1820 GOSUB 2420
1830 PRINT#1,Y1$;D5$;CHR$(9);:PRINT#1,USINGZ$;FLUFEM;:PRINT#
1,CHR$(9);:PRINT#1,USINGZ$;FLUFEF;:PRINT#1,CHR$(9);:PRINT#1,
USINGZ$;FLUFEM+FLUFEF
1840 GOSUB 2430
1870 GOSUB 2500:PRINT#1,D6$;C11$;CHR$(9);:GOSUB 2510:PRINT#1
,USINGZ$;GDEEM;:PRINT#1,CHR$(9);:PRINT#1,USINGZ$;GDEEF;:PRIN
T#1,CHR$(9);:PRINT#1,USINGZ$;GDEEM+GDEEF
1880 PRINT#1,"
1890 GOSUB 2450
1900 PRINT#1,Y1$;D7$;CHR$(9);:PRINT#1,USINGZ$;SA1
1910 GOSUB 2460
1920 PRINT#1,Y$;D8$;CHR$(9);:PRINT#1,USINGZ$;SA2
1930 PRINT#1,Y$;D11$;CHR$(9);:PRINT#1,USINGZ$;BSP
1940 GOSUB 2450
1950 PRINT#1,Y$;D9$;CHR$(9);:PRINT#1,USINGZ$;SA
1960 PRINT#1,Y1$;D10$;CHR$(9);:PRINT#1,USINGZ$;FB
1970 GOSUB 2460
1980 PRINT#1,Y$;E$;CHR$(9);:PRINT#1,USINGZ$;ABEL
1990 PRINT#1,Y$;Y$;Y1$;E1$;CHR$(9);:PRINT#1,P%;E2$;:PRINT#1,
USINGZ$;GDEEM+GDEEF;:PRINT#1,"=";:PRINT#1,USINGZ$;ZWS
2000 GOSUB 2450
2010 PRINT#1,Y1$;E3$;CHR$(9);:PRINT#1,USINGZ$;ABEL1
2020 PRINT#1,Y1$;E8$;CHR$(9);:PRINT#1,USINGZ$;UNTER
2030 PRINT#1,Y1$;E4$;CHR$(9);:PRINT#1,USINGZ$;KB1
2040 GOSUB 2500:PRINT#1,"":PRINT#1,E5$;CHR$(9);:GOSUB 2510:P
RINT#1,USINGZ$;EINKOMMEN
2050 PRINT#1,Y1$;E9$;CHR$(9);:PRINT#1,USINGZ$;ALTER
2060 PRINT#1,Y1$;E10$;CHR$(9);:PRINT#1,USINGZ$;HF
2070 PRINT#1,Y1$;E12$;CHR$(9);:PRINT#1,USINGZ$;KF
2080 IF LST%=1 THEN 2090 ELSE PRINT#1,Y1$;E6$;CHR$(9);:PRINT
#1,USINGZ$;HA
2090 GOSUB 2500:PRINT#1,E11$;E5$;CHR$(9);:GOSUB 2510:PRINT#1
,USINGZ$;ZVE2:IF LST%=1 THEN 2110
2100 PRINT#1,"
2105 PRINT#1,CHR$(12);
2110 GOSUB 2500:GOSUB 2420:PRINT#1,F$;F5$:GOSUB 2430:GOSUB 2
510
2120 GOSUB 2480
2130 IF TAB%=1 THEN PRINT#1,F1$;F2$;CHR$(9);:PRINT#1,USINGZ$
;ZVE2;:PRINT#1,CHR$(9);:PRINT#1,USINGZ$;STEUER ELSE PRINT#1,
F1$;F3$;CHR$(9);:PRINT#1,USINGZ$;ZVE2;:PRINT#1,CHR$(9);:PRIN
T#1,USINGZ$;STEUER
2140 PRINT#1,"
```

```
2150 GOSUB 2500:GOSUB 2420:PRINT#1,F$;F4$:GOSUB 2430:GOSUB 2
510
2160 IF (KONEM%=3 AND KONEF%=3) OR (KISTEM=0 AND KISTEF=0) T
HEN PRINT#1,"es fällt keine Kirchensteuer an":F6=0:F7=0:GOTO
 2230
2165 IF KONEM%=3 THEN KISTEM=0:KONEM%=KONEF% ELSE IF KONEF%=
3 THEN KISTEF=0:KONEF%=KONEM%
2170 GOSUB 2550
2180 IF KONEM%<>KONEF% THEN 2210
2190 IF KONEM%=1 THEN X$=F6$:F6=INT(KISTEM+KISTEF) ELSE X$=F
7$:F7=INT(KISTEM+KISTEF)
2195 PRINT#1,X$;F4$;CHR$(9);:IF KONEM%=1 THEN PRINT#1,USINGZ
$;F6 ELSE PRINT#1,USINGZ$;F7
2197 GOTO2230
2210 IF KONEM%=1 THEN PRINT#1,F6$;F4$;B$;CHR$(9);:PRINT#1,US
INGZ$;INT((KISTEM+KISTEF)/2):F6=INT((KISTEM+KISTEF)/2):PRINT
#1,F7$;F4$;B$;CHR$(9);:PRINT#1,USINGZ$;INT((KISTEM+KISTEF)/2
):F7=INT((KISTEM+KISTEF)/2):GOTO 2230
2220 IF KONEM%=2 THEN PRINT#1,F7$;F4$;B$;CHR$(9);:PRINT#1,US
INGZ$;INT((KISTEM+KISTEF)/2):F7=INT((KISTEM+KISTEF)/2):PRINT
#1,F6$;F4$;B1$;CHR$(9);:PRINT#1,USINGZ$;INT((KISTEM+KISTEF)/
2):F6=INT((KISTEM+KISTEF)/2)
2230 GOSUB 2500:GOSUB 2420:PRINT#1,"":PRINT#1,"Abrechnung":G
OSUB 2430:GOSUB 2510:IF LST%=1 THEN GOSUB 2620:GOTO 2330
2240 GOSUB 2540
2250 GOSUB 2420:PRINT#1,CHR$(9);F5$;:PRINT#1,CHR$(9);F6$;F4$
;:PRINT#1,CHR$(9);F7$;F4$;:PRINT#1,CHR$(9);B2$:GOSUB 2430
2260 PRINT#1,"
2270 PRINT#1,F9$;CHR$(9);:PRINT#1,USINGZ$;STEUER;:PRINT#1,CH
R$(9);:PRINT#1,USINGZ$;F6;:PRINT#1,CHR$(9);:PRINT#1,USINGZ$;
F7;:PRINT#1,CHR$(9);:PRINT#1,USINGZ$;STEUER+F6+F7
2280 LST=LSTEM+LSTEF:EVKI=EVKIEM+EVKIEF:RKKI=RKKIEM+RKKIEF
2290 PRINT#1,F10$;CHR$(9);:PRINT#1,USINGZ$;LST;:PRINT#1,CHR$
(9);:PRINT#1,USINGZ$;EVKI;:PRINT#1,CHR$(9);:PRINT#1,USINGZ$;
RKKI
2300 PRINT#1,H$;CHR$(9);:PRINT#1,USINGZ$;KAPEST
2310 PRINT#1,H1$;CHR$(9);:PRINT#1,USINGZ$;KST
2320 A1=STEUER-LST+F6-EVKI+F7-RKKI-KAPEST-KST
2330 PRINT#1,G$;CHR$(9);:PRINT#1,USINGZ$;STEUER-LST-KAPEST-K
ST;:PRINT#1,CHR$(9);:PRINT#1,USINGZ$;F6-EVKI;:PRINT#1,CHR$(9
);:PRINT#1,USINGZ$;F7-RKKI;:PRINT#1,CHR$(9);:PRINT#1,USINGZ$
;A1
2340 PRINT#1,F11$;CHR$(9);:PRINT#1,USINGZ$;VEST;:PRINT#1,CHR
$(9);:PRINT#1,USINGZ$;VEVKI;:PRINT#1,CHR$(9);:PRINTSINGZ
$;VRKKI
```

```
2350 A1=A1-VEST-VEVKI-VRKKI
2360 PRINT#1,F8$;CHR$(9);:PRINT#1,USINGZ$;STEUER-KAPEST-KST-
LST-VEST;:PRINT#1,CHR$(9);:PRINT#1,USINGZ$;F6-EVKI-VEVKI;:PR
INT#1,CHR$(9);:PRINT#1,USINGZ$;F7-RKKI-VRKKI;:PRINT#1,CHR$(9
);:PRINT#1,USINGZ$;A1
2370 PRINT#1,"
2380 IF ALG1>0 THEN PRINT#1,"Unter Berücksichtigung der Lohn
ersatzleistungen von ";ALG1;:ELSE 2400
2390 PRINT#1,"DM beträgt die Steuer ";PROG;:PRINT#1,"% des z
u versteuernden Einkommens (abger. auf den Eingangsbetrag de
r Tabellenstufe)."
2400 IF KZ%+ZK%>1 THEN PRINT#1,"Es wurden ";KZ%+ZK%;:PRINT#1
,"Kinder berücksichtigt."
2410 IF KZ%+ZK%=1 THEN PRINT#1,"Es wurde 1 Kind berücksichti
gt."
2415 CLOSE:END
2420 PRINT#1,CHR$(27);"-";CHR$(1);:RETURN
2430 PRINT#1,CHR$(27);"-";CHR$(0);:RETURN
2440 PRINT#1,CHR$(27);"D";CHR$(55);CHR$(70);CHR$(85);CHR$(10
0);CHR$(0):RETURN
2450 PRINT#1,CHR$(27);"D";CHR$(85);CHR$(0):RETURN
2460 PRINT#1,CHR$(27);"D";CHR$(55);CHR$(0):RETURN
2470 PRINT#1,CHR$(27);"D";CHR$(10);:RETURN
2480 PRINT#1,CHR$(27);"D";CHR$(55);CHR$(85);CHR$(0):RETURN
2490 PRINT#1,CHR$(27);"D";CHR$(40);CHR$(60);CHR$(80);CHR$(10
0);CHR$(0):RETURN
2500 PRINT#1,CHR$(27);"E";:RETURN
2510 PRINT#1,CHR$(27);"F";:RETURN
2520 PRINT#1,CHR$(27);CHR$(14);:RETURN
2530 PRINT#1,CHR$(27);CHR$(15);:RETURN
2540 PRINT#1,CHR$(27);"D";CHR$(27);CHR$(47);CHR$(67);CHR$(87
);CHR$(0):RETURN
2550 PRINT#1,F5$;CHR$(9);:PRINT#1,USINGZ$;STEUER
2560 GOSUB 2420
2570 PRINT#1,H3$;CHR$(9);:PRINT#1,USINGZ$;KIA
2580 GOSUB 2430
2590 PRINT#1,H4$;CHR$(9);:PRINT#1,USINGZ$;STEUER-KIA
2600 RETURN
2610 CLOSE
2620 PRINT#1,CHR$(27);"D";CHR$(30);CHR$(50);CHR$(70);CHR$(0)
;
2630 GOSUB 2420:PRINT#1,CHR$(9);"Einbehalten";CHR$(9);"Jahre
ssteuer";CHR$(9);"Ausgleichsbetrag":GOSUB 2430
2640 PRINT#1,"Lohnsteuer";:PRINT#1,CHR$(9);LSTEM+LSTEF;CHR$(
9);STEUER;CHR$(9);LSTEM+LSTEF-STEUER
```

```
2650 EVKI=EVKIEM+EVKIEF:RKKI=RKKIEM+RKKIEF:LST=LSTEM+LSTEF:A
1=LST-STEUER
2660 PRINT#1,"Kirchensteuer";CHR$(9);EVKI+RKKI;CHR$(9);F6+F7
;CHR$(9);EVKI+RKKI-F6-F7
2670 PRINT#1,""
2680 GOSUB 2500:GOSUB 2420:PRINT#1,"Erstattungsbetrag:  ";A1
-(F6+F7-EVKI-RKKI):GOSUB 2430:GOSUB 2510
2690 RETURN
ß
```

Variablenliste:

A	=	Konstante 10.000
A1	=	Zwischenwert
AA	=	Zwischenwert - Sonderausgaben
AA%	=	Flag - Kapitaleinkünfte
AB	=	Zwischenwert - Sonderausgaben
AB%	=	Flag - Kapitaleinkünfte
ABEL	=	außergewöhnliche Belastung
ABEL1	=	überbelastungsbetrag
ABL$	=	Lohnersatzleistungen J/N
AC	=	Zwischenwert - Sonderausgaben
AD%	=	Flag - Kapitaleinkünfte
AEEF	=	Altersentlastungsbetrag EF
AEEM	=	Altersentlastungsbetrag EM
AEEF1	=	Altersentlastungsbetrag EF nur BL
AEEM1	=	Altersentlastungsbetrag EM nur BL
AGEF	=	Arbeitgeber-Anteil zur Sozialvers. EF
AGEM	=	Arbeitgeber-Anteil zur Sozialvers. EM
ALG	=	Lohnersatzleistungen
ALG1	=	Lohnersatzleistungen nach Kürzung um unverbrauchte Freibeträge
ALGEF	=	Lohnersatzleistungen EF
ALGEM	=	Lohnersatzleistungen EM
ALTER	=	Summe der Altersfreibeträge
ALTEREF	=	Geburtsdatum bzw. Kennziffer EF
ALTEREF1	=	Altersfreibetrag Ehefrau
ALTEREM	=	Geburtsdatum bzw. Kennziffer EM
ALTEREM1	=	Altersfreibetrag Ehemann
ANEF	=	Arbeitnehmer-Anteil zur Sozialversicherung EF
ANEM	=	Arbeitnehmer-Anteil zur Sozialversicherung EM
A$	=	Textvariable
A1$	=	"
A2$	=	"
A3$	=	"
B	=	Konstante 1000
BBG	=	Beitragsbemessungsgrenze zur Rentenversicherung
BBL	=	Bemessungsgrundlage Bruttolohn
BBLEF	=	Bemessungsgrundlage Bruttolohn EF
BBLEM	=	Bemessungsgrundlage Bruttolohn EM
BER	=	Steuerberatungskosten
BL	=	Bruttolohn
BLEF	=	Bruttolohn EF
BLEM	=	Bruttolohn EM

```
BSP       = Bausparkassenbeiträge
B$        = Textvariable
B1$       = "
B2$       = Textvariable
C$        = "
C1$       = "
C2$       = "
C3$       = "
C4$       = "
C5$       = "
C6$       = "
C7$       = "
C8$       = "
C10$      = "
C11$      = "
C12$      = "
C13$      = "
C15$      = "
D$        = "
D1$       = "
D3$       = "
D4$       = "
D5$       = "
D6$       = "
D7$       = "
D8$       = "
D9$       = "
D10$      = "
D11$      = "
EEF%      = Flag - Einkünfte Ehefrau vorhanden?
EINKOMMEN = Einkommen
EVKI      = ev. Kirchensteuer
EVKIEF    = ev. Kirchensteuer EF
EVKIEM    = ev. Kirchensteuer EM
E$        = "
E1$       = "
E2$       = "
E3$       = "
E4$       = "
E5$       = "
E6$       = "
E7$       = "
E8$       = "
E9$       = "
E10$      = "
```

```
E11$        = "
E12$        = "
F6          = Zwischenwert KiSt
F7          = Zwischenwert KiSt
FB          = Freibetrag 'freie Berufe'
FBEF        = Freibetrag 'freie Berufe' EF
FBEM        = Freibetrag 'freie Berufe' EM
FLUFEF      = Freibetrag Land- u. Forstwirtschaft EF
FLUFEM      = Freibetrag Land- u. Forstwirtschaft EM
F$          = Textvariable
F1$         = "
F2$         = "
F3$         = "
F4$         = "
F5$         = "
F6$         = "
F7$         = "
F8$         = "
F9$         = "
F10$        = "
F11$        = "
GDE         = Gesamtbetrag der Einkünfte
GDEEF       = Gesamtbetrag der Einkünfte EF
GDEEM       = Gesamtbetrag der Einkünfte EM
GEW         = Einkünfte aus Gewerbebetrieb
GEWEF       = Einkünfte aus Gewerbebetrieb EF
GEWEM       = Einkünfte aus Gewerbebetrieb EM
G$          = Textvariable
HA          = Härteausgleich
HB%         = Kennziffer Hinterbliebenenbezüge
HB1         = Höchstbetrag Sonderausgaben 1
HB2         = Höchstbetrag Sonderausgaben 2
HB3         = Höchstbetrag Sonderausgaben 3
HB4         = Höchstbetrag Sonderausgaben 4
HB5         = Höchstbetrag Sonderausgaben 5
HB6         = Höchstbetrag Sonderausgaben 6
HB7         = Höchstbetrag Sonderausgaben 7
HB8         = Höchstbetrag Sonderausgaben 8
HBEF%       = Kennziffer Hinterbliebenenbezüge EF
HBEM%       = Kennziffer Hinterbliebenenbezüge EM
HF          = Haushaltsfreibetrag
H$          = Textvariable
H1$         = "
H2$         = "
H3$         = "
```

H4$	=	"
J	=	Kalenderjahr (Eingabe 83 oder 84 zulässig
K%	=	Anzahl Kinder (Kinderzahl + Zahlkinder
KAP	=	Kapitaleinkünfte
KAPEF	=	Kapitaleinkünfte EF
KAPEF1	=	Kapitaleinkünfte, Rechengröße
KAPEM	=	Kapitaleinkünfte EM
KAPEM1	=	Kapitaleinkünfte, Rechengröße
KAPEST	=	Kapitalertragsteuer
KAPESTEF	=	Kapitalertragsteuer EF
KAPESTEM	=	Kapitalertragsteuer EM
KB	=	% der Körperbehinderung
KB1	=	Freibetrag für Körperbehinderung
KBEF	=	% der Körperbehinderung EF
KBEF1	=	Freibetrag für Körperbehinderung EF
KBEM	=	% der Körperbehinderung EM
KBEM1	=	Freibetrag für Körperbehinderung EM
KF	=	Kinderfreibetrag
KIA	=	Kinderabzugsbetrag
KIPEF	=	% zur Berechnung der Kirchensteuer EF
KIPEM	=	% zur Berechnung der Kirchensteuer EM
KIR	=	Höhe der KiSt bei den unbeschränkten SA
KIST	=	Kirchensteuer
KISTEF	=	Kirchensteuer EF
KISTEM	=	Kirchensteuer EM
KONEF%	=	Kennzahl Konfession EF
KONEM%	=	Kennzahl Konfession EM
KRV%	=	Abfrage kranken- u. rentenvers.frei
KRVEF%	=	Abfrage kranken- u. rentenvers.frei EF
KRVEM%	=	Abfrage kranken- u. rentenvers.frei EM
KST	=	Körperschaftsteuer
KSTEF	=	Körperschaftsteuer EF
KSTEM	=	Körperschaftsteuer EM
KZ%	=	Kinderzahl
L%	=	Flag
LEIB	=	Höhe der Leibrenten
LEIBEF	=	Höhe der Leibrenten EF
LEIBEM	=	Höhe der Leibrenten EM
LST	=	Lohnsteuer
LST%	=	Grenze zum Lohnsteuerjahresausgleich
LSTEF	=	Lohnsteuer EF
LSTEM	=	Lohnsteuer EM
LUF	=	Einkünfte aus Land- u. Forstwirtschaft
LUFEF	=	Einkünfte aus Land- u. Forstwirtschaft EF
LUFEF1	=	Zwischenwert

LUFEM = Einkünfte aus Land- u. Forstwirtschaft EM
LUFEM1 = Zwischenwert
MIN = Mindestwert Sonderausgaben
NAEF = Einkünfte aus nichtselbst. Arbeit EF
NAEM = Einkünfte aus nichtselbst. Arbeit EM
P% = %-Satz der außergew. Belastung
PAUSCH = Pauschbetrag bei Kapitaleink.
PROG = %-Satz bei der Progression
PS% = %-Satz zumutbare Belastung
Q = Laufvariable
REN = Renten usw. bei SA
RKKI = rk. Kirchensteuer
RKKIEF = rk. Kirchensteuer EF
RKKIEM = rk. Kirchensteuer EM
S = Variable für die Einkommensteuer
SA = Sonderausgaben
SA1 = "
SA2 = "
SA3 = "
SA4 = "
SA5 = "
SDEEF = Summe der Einkünfte EF
SDEEF1 = Summe der Einkünfte EF
SDEEM = Summe der Einkünfte EM
SDEEM1 = Summe der Einkünfte EM
SE = Sonstige Einkünfte
SEEF = Sonstige Einkünfte EF
SEEF1 = Sonstige Einkünfte EF, Rechengröße
SEEM = Sonstige Einkünfte EM
SEEM1 = Sonstige Einkünfte EM, Rechengröße
SOA = Sonderausgaben
SP = Sparerfreibetrag
SPEF = Sparerfreibetrag EF
SPEM = Sparerfreibetrag EM
ST = Einkünfte aus selbst. Tätigkeit
ST1 = Steuer zur Ermittlung der KiSt
ST2 = "
ST3 = "
STBER = Steuerberatungskosten
STEF = Einkünfte aus selbst. Tätigkeit EF
STEM = Einkünfte aus selbst. Tätigkeit EM
STEUER = Einkommensteuer
T1 = nicht verbrauchter Freibetrag
T2 = "
T3 = "

T4 = "
T5 = "
T6 = "
TAB% = Tabelle (Grund- oder Splitting-)
TAB1% = Tabelle (Grund- oder Splitting-)
UNTER = außergew. Belastung z.B. Unterhaltsleist.
VB = Versorgungsbezüge
VBEF = Versorgungsbezüge EF
VBEM = Versorgungsbezüge EM
VEST = Vorauszahlungen ESt
VEVKI = Vorauszahlungen ev. KiSt
VFBEF = Freibetrag für Versorgungsbezüge EF
VFBEM = Freibetrag für Versorgungsbezüge EM
VRKKI = Vorauszahlungen rk. KiSt
VSP = Vorsorgepauschale
VSPMAX1 = Höchstbetrag zur Vorsorgepauschale 1
VSPMAX2 = Höchstbetrag zur Vorsorgepauschale 2
VSPMAX3 = Höchstbetrag zur Vorsorgepauschale 3
VSPMAX4 = Höchstbetrag zur Vorsorgepauschale 4
VSPMAX5 = Höchstbetrag zur Vorsorgepauschale 5
VSPMAX6 = Höchstbetrag zur Vorsorgepauschale 6
VUV = Einkünfte aus Vermietung u. Verpachtung
VUVEF = Einkünfte aus Vermietung u. Verpachtung EF
VUVEM = Einkünfte aus Vermietung u. Verpachtung EM
VWA = Vorwegabzug - SA
WF = Weihnachtsfreibetrag
WK = Werbungskosten
WKEF = Werbungskosten EF
WKEM = Werbungskosten EM
WKK = Werbungskosten Kapitaleink.
WKKEF = Werbungskosten Kapitaleink. EF
WKKEM = Werbungskosten Kapitaleink. EM
WKSE = Werbungskosten sonstige Einkünfte
WKSEEF = Werbungskosten sonstige Einkünfte EF
WKSEEM = Werbungskosten sonstige Einkünfte EM
X$ = Kirchensteuer
Y = Steuerberechnung
Y$ = Textvariable
Y1$ = "
Y2$ = "
Z = Steuerberechnung
Z$ = String-Format
ZK% = Zahlkinder
ZS = Zwischensumme
ZVE = zu versteuerndes Einkommen

ZVE1 = zu versteuerndes Einkommen
ZVE2 = zu versteuerndes Einkommen
ZWS = Zwischensumme außergew. Belastung

Beispiel zum Programm 10.10

Folgende beispielhaften Werte wurden eingegeben:

Kalenderjahr	84	
Familienstand	verheiratet	
Geburtsdatum Ehemann	13.06.40	
Ehefrau	12.01.43	
Religion Ehemann	vd	
Ehefrau	ev	
Kinder	2	
Zahlkinder	1	
Einkünfte	Ehemann	Ehefrau
gegebene Einkunftsarten	alle	alle
nichtselbst. Tätigkeit		
Bruttoarbeitslohn	40000	30000
Versorgungsbezüge	0	0
Werbungskosten	2000	300
Lohnersatzleistung	6000	0
einbehaltene Lohnsteuer	12000	6000
einbehaltene Kirchenst.		300
Kapitalvermögen		
Einnahmen	2000	20
Werbungskosten	100	80
Kapitalertragsteuer	2	0
Körperschaftsteuer	4	0
Vermietung u. Verpacht.	-3000	100
Gewerbebetrieb	1000	200
Selbständige Tätigkeit	4000	40000
Land- u. Forstwirtsch.	120	-300
Sonstige Einkünfte	3000	30
Werbungskosten	200	30
Sonderausgaben	keine	
außergew. Belastung	keine	

Berechnung der Einkommensteuer für 1984

	Ehemann	Ehefrau	insgesamt
Eink. aus Land- und Forstw.	120	-300	-180
Eink. aus Gewerbebetrieb	1,000	200	1,200
Eink. aus selbst. Arbeit	4,000	40,000	44,000
Eink. aus nichtselbst.Arbeit			
Bruttoarbeitslohn	40,000	30,000	
+ Versorgungsbezüge	0	0	
- Versorgungs-Freibetr.	0	0	
- Weihnachts/Arbeitnehmer-Freibetr.	1,080	1,080	
- Werbungskosten(-Pauschbetr.)	2,000	564	
verbleiben	36,920	28,356	65,276
Eink. aus Kapitalvermögen			
Einnahmen	2,000	20	
- Werbungskosten(-Pauschbetr.)	120	80	
- Sparer-Freibetr.	600	0	
verbleiben	1,280	-60	1,220
Eink. aus Vermiet. u. Verp.	-3,000	100	-2,900
Sonstige Einkünfte			
Einnahmen	3,000	30	
- Werbungskosten(-Pauschbetr.)	200	30	
verbleiben	2,800	0	2,800
Summe der Einkünfte	43,120	68,296	111,416
- Altersentlastungsbetr.	0	0	0
- Freibetr.für Land-u.Forstwirte	120	0	120
Gesamtbetr. d. Einkünfte	43,000	68,296	111,296

- Sonderausgaben(-Pauschbetrag)			540
Versicherungsbeitr.	0		
Bausparbeiträge	0		
davon abzugsfähig			9,234
- Freibetrag für freie Berufe			1,200
außergewöhnl.Belastungen	0		
- zumutbare Belast.	2 % von	111,296=	2,225
- überbelastungsbetr.			0
- Hausgehilfin/Unterhaltsaufw./Ausbildungsfreibetr.			0
- Pauschbetr. für Körperbehinderte			0
Einkommen			100,322
- Altersfreibetrag			0
- Haushaltsfreibetrag			0
- Kinderfreibetrag			1,080
- Härteausgleich			0
zu versteuerndes Einkommen			99,242

Berechnung der Einkommensteuer

zu versteuern nach der Splittingtabelle	99,242	30,812

Berechnung der Kirchensteuer

Einkommensteuer	30,812
Kinderabzugsbeträge	1,560
Bemessungsgrundlage	29,252
ev. Kirchensteuer	1,768

Abrechnung

	Einkommensteuer	ev. Kirchensteuer	rk. Kirchensteuer	insgesamt
Steuer lt. Berechnung	30,812	1,768	0	32,580
Steuerabzug vom Lohn	18,000	300	0	
Kapitalertragsteuer	2			
Körperschaftsteuer	4			
Verbleibende Steuer	12,806	1,468	0	14,274
Vorauszahlungen	0	0	0	
Erstattung (-)/Nachzahlung	12,806	1,468	0	14,274

Unter Berücksichtigung der Lohnersatzleistungen von 6000 DM beträgt die Steuer 31.078409 % des zu versteuernden Einkommens (abger. auf den Eingangsbetrag der Tabellenstufe).
Es wurden 3 Kinder berücksichtigt.
§

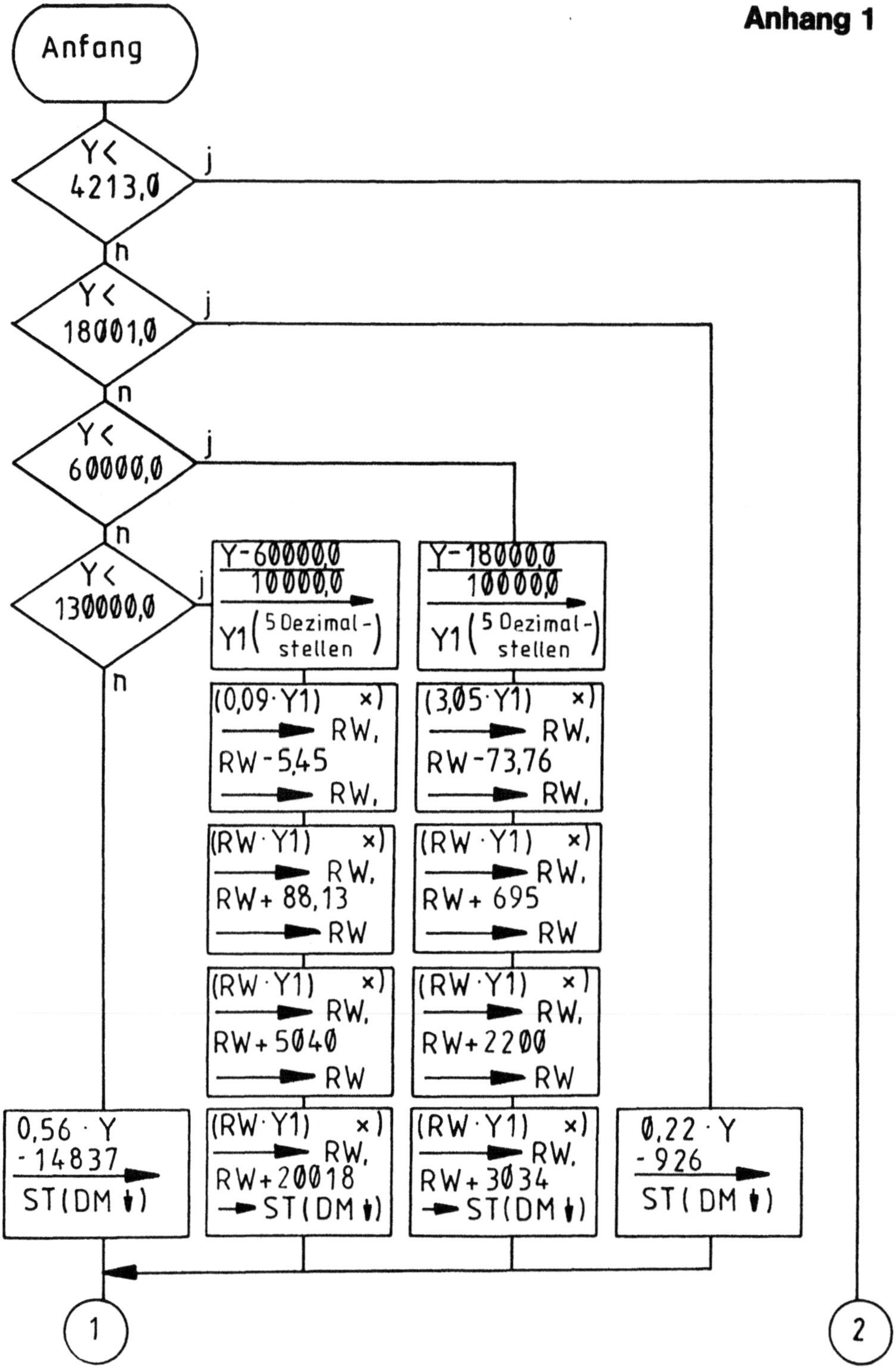
Anfang
Y< 4213,0
j
n
Y< 18001,0
j
n
Y< 60000,0
j
n
Y< 130000,0
j
n
Y-60000,0 / 10000,0 → Y1 (5 Dezimalstellen)
(0,09·Y1) ×) → RW, RW-5,45 → RW,
(RW·Y1) ×) → RW, RW+88,13 → RW
(RW·Y1) ×) → RW, RW+5040 → RW
(RW·Y1) ×) → RW, RW+20018 → ST(DM↓)
Y-18000,0 / 10000,0 → Y1 (5 Dezimalstellen)
(3,05·Y1) ×) → RW, RW-73,76 → RW,
(RW·Y1) ×) → RW, RW+695 → RW
(RW·Y1) ×) → RW, RW+2200 → RW
(RW·Y1) ×) → RW, RW+3034 → ST(DM↓)
0,56·Y -14837 → ST(DM↓)
0,22·Y -926 → ST(DM↓)
1
2

x) = Dezimalstellen ab 4. Stelle fortlassen
(Par. 32 a Abs. 3 EStG)

Abkürzungsverzeichnis

Abs.	Absatz
AFG	Arbeitsförderungsgesetz
bzw.	beziehungsweise
d.h.	das heißt
ErbStG	Erbschaftssteuergesetz
ESt	Einkommensteuer
EStG	Einkommensteuergesetz
EW	Einheitswert
ggf.	gegebenenfalls
i.d.R.	in der Regel
i.H.v.	in Höhe von
KiSt	Kirchensteuer
LSt	Lohnsteuer
LStJA	Lohnsteuerjahresausgleich
o.g.	oben genannt
Par.(§)	Paragraph
Stpfl.	Steuerpflichtiger
usw.	und so weiter
vgl.	vergleiche
WK	Werbungskosten
z.B.	zum Beispiel

GPSR Compliance

The European Union's (EU) General Product Safety Regulation (GPSR) is a set of rules that requires consumer products to be safe and our obligations to ensure this.

If you have any concerns about our products, you can contact us on ProductSafety@springernature.com

In case Publisher is established outside the EU, the EU authorized representative is:

Springer Nature Customer Service Center GmbH
Europaplatz 3
69115 Heidelberg, Germany

Batch number: 10816188

Printed by Printforce, the Netherlands